5分間でやる気脳に

このドリルは、子どもたちが興味を示しそうな内容を、短い文章にしてのせています。

読解学習の基礎・基本を、細かいステップで組み立ててあり、順を追って無理なく学習できます。

短い文章と問いを、ていねいにくり返し読み取ることで、読解力がつくようにしてあります。

子どもが1ページやり終えるごとに、しっかりほめてください。

脳からドーパミン（脳のホルモン）が出て、「やる気が育つ」ことが科学的に確認されています。

「ドリルをする」
↓
「ほめる」
↓
「ドーパミンが出る」
↓
「やる気が育つ」

この循環で、子どもの脳はきたえられ、かしこくなっていきます。

そうなるように工夫して、このドリルをつくりました。

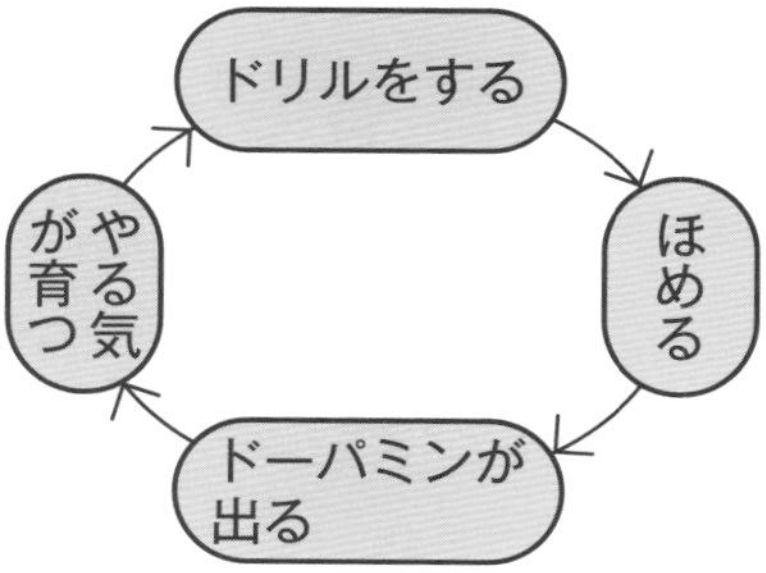

5分間読解ドリルの特色

●1日5分、集中しよう

子どもたちが興味を示しそうな短い文で設問が少なく、短時間で取り組めます。

●毎日続けよう

家庭学習の習慣が身につきます。

●まるつけも　かんたん

答えはうらのページにのせています。つまった問題は、解答を見て再度挑戦してください。

解説やイラストつき

問題に出てきたことがらがよくわかるように、解説やイラストをつけました。また、楽しく取り組める問題ものせています。

もくし

タイトル	学習《がくしゅう》日《び》	いろぬりチェック		
		もうすこし	できた	よくできた
㉖ よくばりな犬	／			
こそあどことば				
㉗ 石をつかうサル	／			
㉘ カモの足	／			
㉙ コアラの赤ちゃん	／			
㉚ フンころがしの名人	／			
㉛ ヤモリの足	／			
なぜ・りゆう				
㉜ どうぶつのはのかたち	／			
㉝ かた足立ちのフラミンゴ	／			
㉞ たべつづけるモグラ	／			
㉟ アサガオのつるのはたらき	／			
㊱ エゾリスのふゆじゅんび	／			
㊲ どうぶつの足	／			
㊳ ひこうきをうごかす車	／			
そうごうもんだい				
㊴ 目にもとまらないはやわざ	／			
㊵ こうらのかたちがちがうカメ	／			
㊶ くちばしでさかなをとるペリカン	／			
㊷ パンダのは	／			
㊸ じめんをはしるひこうき「しんかんせん」	／			
㊹ はたらく車	／			
㊺ 人と車をはこぶカーフェリー	／			
㊻ きつねとつるのごちそう	／			
㊼ 日本一ながい文字「し」	／			
㊽ カラスと水さし	／			
㊾ 一年生たちとひよめ①	／			
㊿ 一年生たちとひよめ②	／			

だれ・なに・どうする

めずらしい生きものカモノハシ

月　日

てん/30てん

カモノハシは、とりの　カモのような　くちばしを　もって　いる　どうぶつです。

この　くちばしは、ゴムのように　やわらかくて、水《みず》の　中《なか》に　いる　エビなどを　さがし出《だ》す　はたらきが　あります。水の　中では　目《め》は　とじて　しまうからです。

およぐ　ときは、ひらたい　しっぽで　ほうこうを　かえ、足《あし》に　ある　水かきで　すすみます。

また、オスの　うしろ足には　どくばりが　あります。

---

1 カモのような　くちばしを　もっている　どうぶつは、なにですか。（10点）

［　　　］

2 くちばしには、どんな　はたらきが　ありますか。（10点）

水の　中に　いる［　　　］などを［　　　］はたらき。

3 オスの　うしろ足には、なにが　ありますか。（10点）

［　　　］

カモノハシのからだ

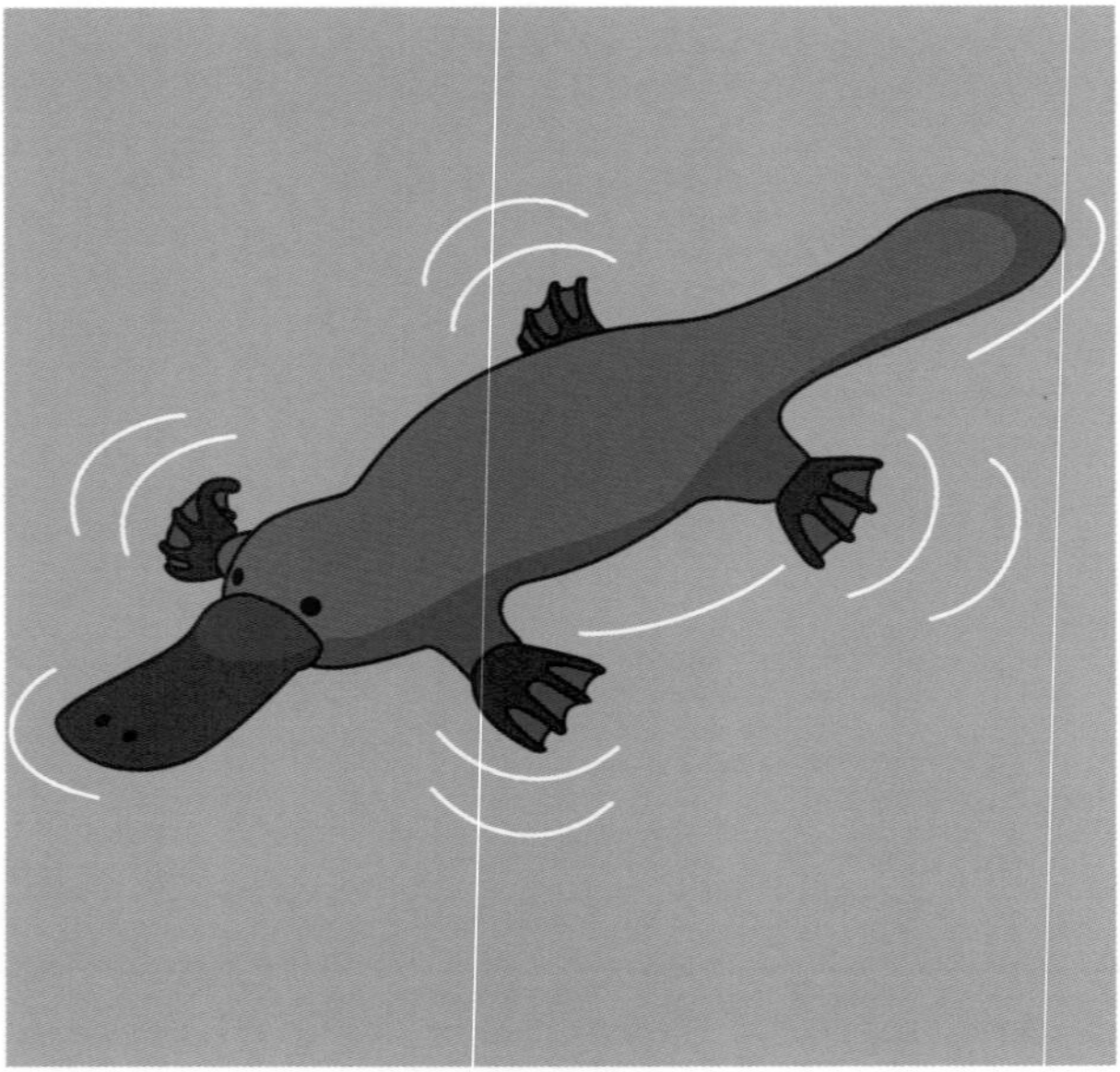

こたえ

1 カモノハシ

2 エビ
さがし出す

3 どくばり

だれ・なに・どうする

どうぶつのみのまもりかた

月　日

てん/30てん

アルマジロは、かたい　こうらを　もっていて、てきが　きたら、だんご虫《むし》のように　こうらを　まるめます。

スカンクは、おしりから　くさい　しるを　出《だ》します。その　においは　とても　つよくて、てきは　たまらず、にげだします。

ヤマネは、てきから　にげる　とき、トカゲのように　しっぽを　きります。でも、一《いち》ど　きったら、二《に》ど　生《は》えて　きません。

1　①～③で　みを　まもる　どうぶつは　なにですか。（15点）

①　こうらを　まるめる。
〔　　　　〕

②　くさい　しるを　出す。
〔　　　　〕

③　しっぽを　きる。
〔　　　　〕

2　1①の　まもりかたは、どの　生《い》きものと　にていますか。（15点）

〔　　　　〕

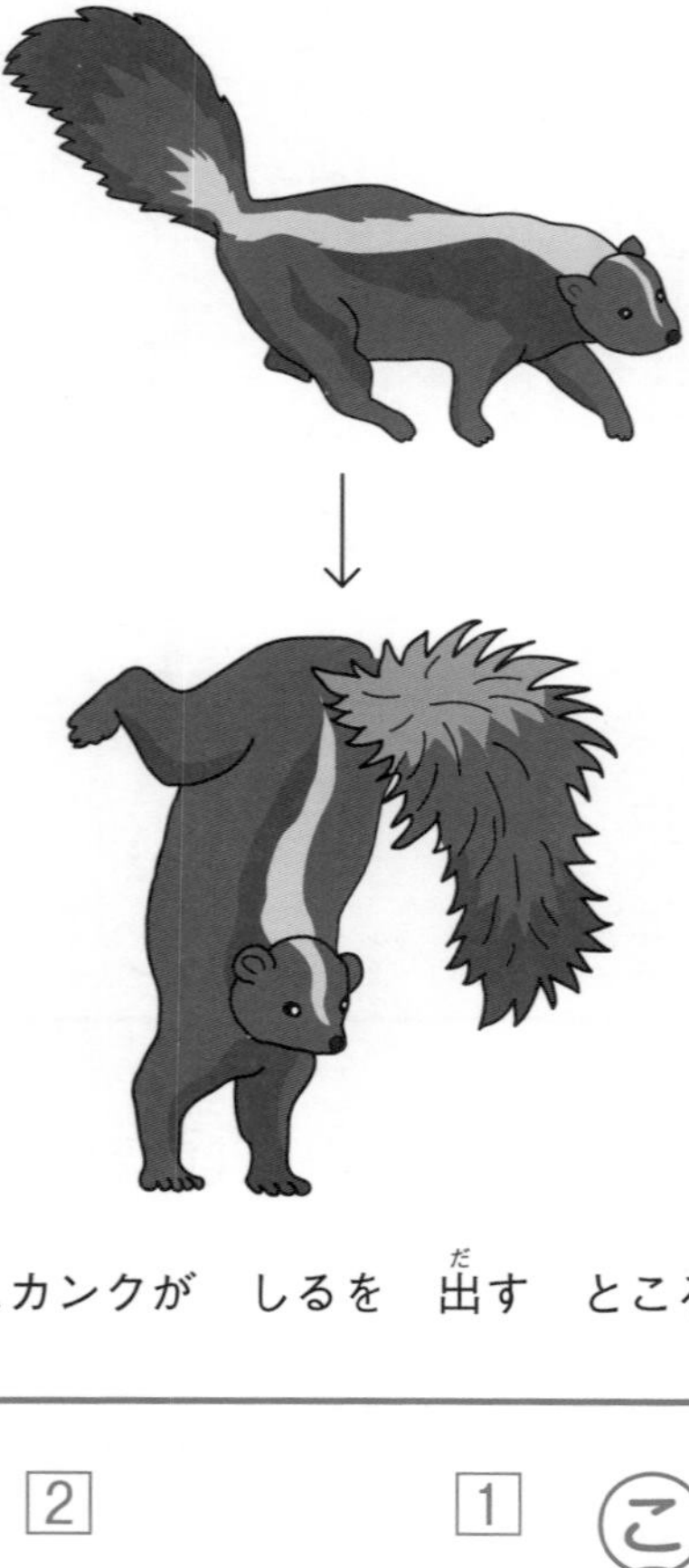

スカンクが　しるを　出《だ》す　ところ

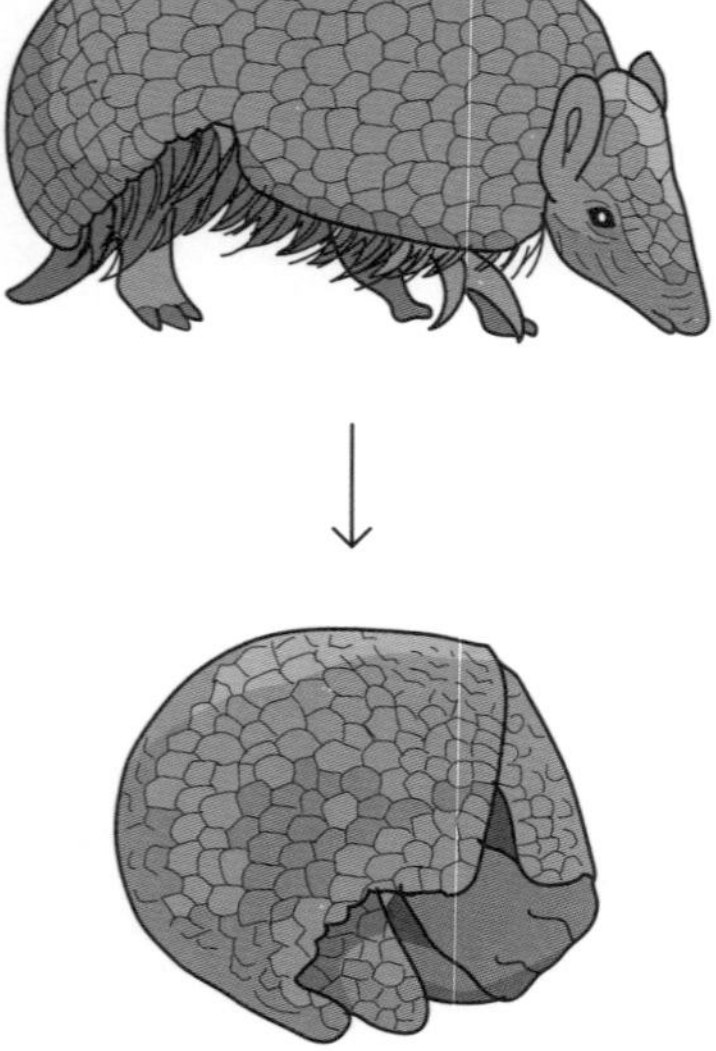

アルマジロが　まるまった　ところ

こたえ

1

① アルマジロ

② スカンク

③ ヤマネ

2

だんご虫

とりのくちばし

キツツキの　くちばしは、とがっています。その　くちばしで　木《き》に　あなを　あけて、木の　中《なか》に　いる　虫《むし》を　たべます。

オウムの　くちばしは、先《さき》が　まがっています。㋐かたい　たねの　からを　わって、中の　みを　たべます。

ヘラサギは、しゃもじのような　くちばしを　もっています。この　ながい　くちばしを　水《みず》の　中に　入《い》れて　左右《さゆう》に　ふり、くちばしに　あたった　えものを　たべます。

1　①～③の　くちばしを　もって　いる　とりは　なにですか。（15点）

①　とがって　いる。

〔　　〕

②　先が　まがって　いる。

〔　　〕

③　しゃもじのような　かたち。

〔　　〕

2　㋐を　わるのに　べんりな　くちばしを　もって　いるのは　どの　とりですか。（15点）

〔　　〕

とりのくちばし

〈キツツキ〉

〈オウム〉

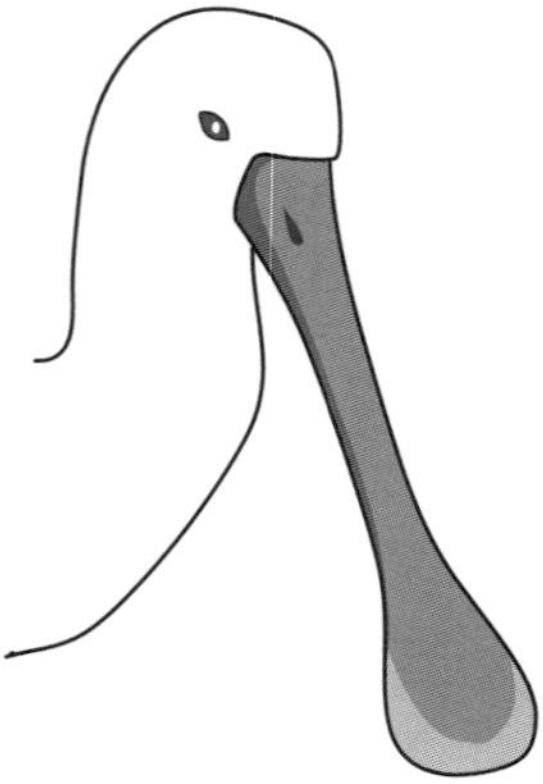

〈ヘラサギ〉

こたえ

1
① キツツキ
② オウム
③ ヘラサギ

2
オウム

どうぶつのはな

ゾウは、ながい　はなを　うまく　つかって、エサを　たべたり、水《みず》を　あびたり　します。くびが　みじかく、立《た》ったままでは　口《くち》を　じめんに　つけられないからです。

カバは、はなの　あなを　とじられるように　なっています。水の　中《なか》に　いる　ことが　とても　おおいからです。

ブタの　はなは、まるくて　大《おお》きく　なっています。土《つち》の　中に　ある　エサを　においで　さがして、ほるからです。

---

1 ①〜③の　はなを　もっている　どうぶつは　なにですか。（15点）

① はなの　あなを　とじられる。［　　　］

② まるくて　大きい。［　　　］

③ はなを　つかって　エサを　たべる。［　　　］

2 はなの　中に　水が　入《はい》って　こないのは、①〜③の　どれですか。（15点）

［　　　］

どうぶつのはな

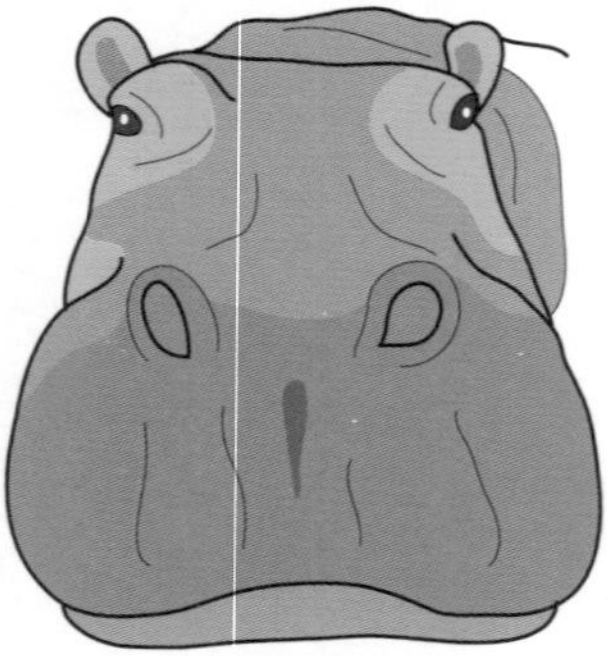

〈カバ〉

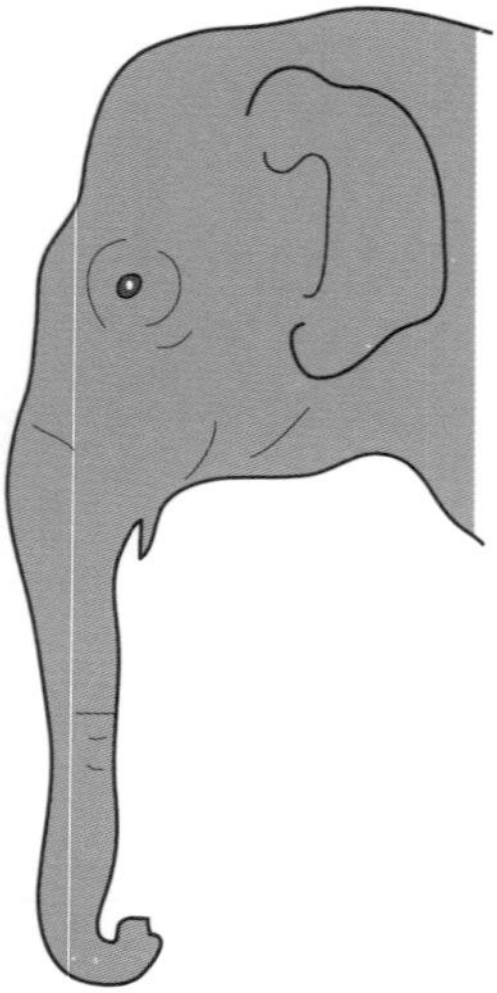

〈ゾウ〉

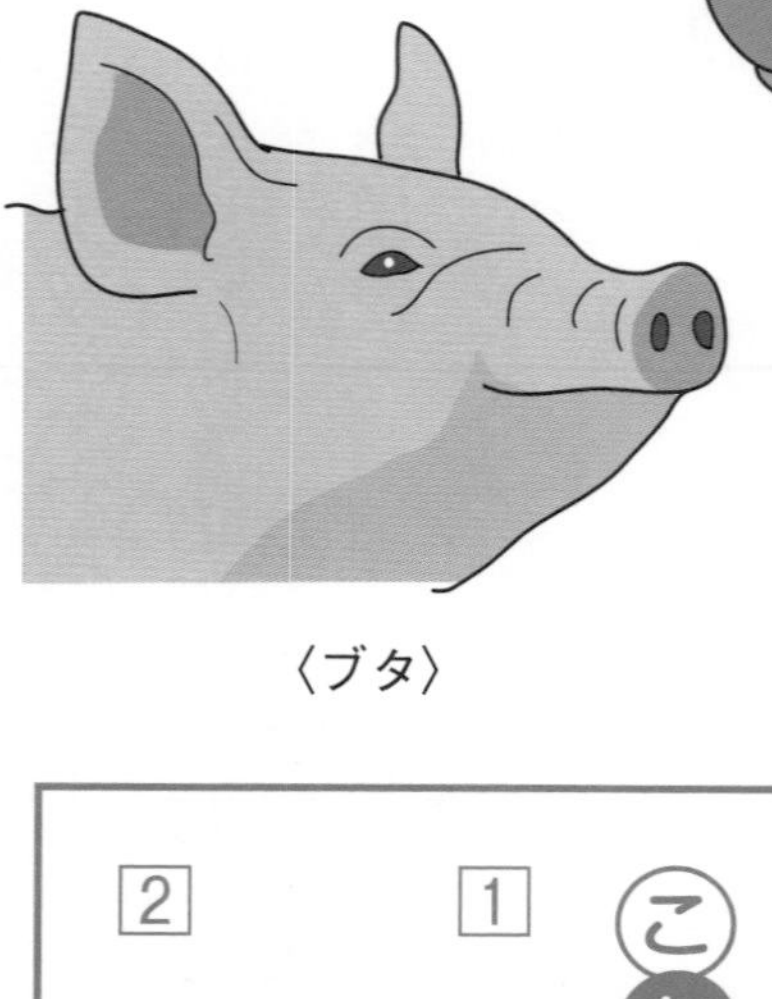

〈ブタ〉

こたえ

1 ①カバ ②ブタ ③ゾウ

2 ①（カバ）

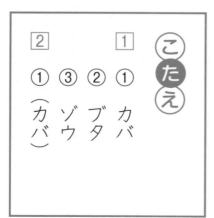

およげるアザラシの赤ちゃん

まるまると　ふとった　㋐アザラシの　赤《あか》ちゃんは、おかあさんと　いっしょに　つめたい　うみに　もぐります。

しかし、はじめは　およぎが　にがてなので、おかあさんが　なんかいも　およぎを　おしえます。

そうして、赤ちゃんは　じょうずに　およぐことが　できるようになります。

はるに　なると、おかあさんは、赤ちゃんを　おいて　きたの　うみに　かえります。赤ちゃんも　じぶんで　そこを　めざして　およぎます。

---

1 ㋐が　することを　かきましょう。（15点）

① おかあさんと　いっしょに
［　　　　］。

② おかあさんから　およぎを
［　　　　］てもらう。

③ じょうずに　うみの　中《なか》を
［　　　　］ことが
できるように　なる。

2 赤ちゃんは　だれと　きたの　うみを　めざしますか。（15点）

［　　　　］

アザラシの赤《あか》ちゃん

赤ちゃんは　おかあさんに　およぎかたを
おしえて　もらいます。

こたえ

1 ① （うみに）もぐる
② おしえ
③ およぐ

2 じぶんで（ひとりで）

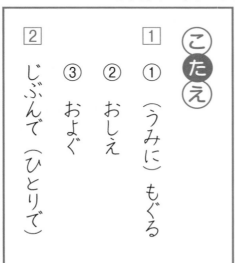

かぞくをだいじにするアイアイ

月　日

てん/30てん

うたで　おなじみの　アイアイは、どんな　生《せい》かつを　しているのでしょう。

たべものは　ヤシの　みなどですが、からは　かたいのです。そこで、するどい　はで　かじり、あいた　あなに　ほそながい　中《なか》ゆびを入《い》れて、みを　とって　たべます。

　あなを　あけられない　子《こ》どもには、おかあさんが　あなを　あけてあげます。このような　ことを　するのは、サルの　なかまでは、アイアイだけです。

1　アイアイは、どのようにして、ヤシの　みなどを　たべていますか。（15点）

①　するどい　はで［　　　　］。

②　あいた　あなに　ほそながい　中ゆびを［　　　　］。

③　みを［　　　　］。

2　あなを　あけられない　子どもには、だれが　あけて　あげますか。（15点）

［　　　　］

アイアイのからだ

ほそく　ながい　中《なか》ゆび
（10センチくらい）

たいちょう　30センチくらい
しっぽ　50〜60センチくらい
たいじゅう　２キログラムくらい

こたえ

1

① かじる
② 入れる
③ とる

2

おかあさん

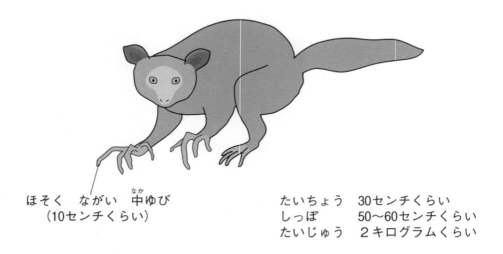

へっこきよめさん

月　日

てん/30てん

むかし、はたらきものの　むすこが、おかあさんと　いっしょに　くらしていました。

そこに、よく　はたらく、やさしい　およめさんが、きてくれました。

しかし、一《いっ》しゅうかん　すると、およめさんの　ようすが　おかしくなって　きました。ずっと「へ」をがまんして　いたからです。

そこで、おかあさんは、おもいきり「へ」を　させてあげました。

「ぶっ、ぶっ、ぶう〜〜〜」

おかあさんは、とおくの　はたけまで　とばされてしまいました。

1　およめさんは、どんな　人《ひと》ですか。（10点）

よく［　　　　］、［　　　　］人。

2　およめさんは、なにを　がまんしていましたか。（10点）

［　　　　］

3　おかあさんは、どう　なりましたか。（10点）

とおくの［　　　　］まで［　　　　］。

〈そのあとの　はなし〉

おかあさんを　おこらせた　およめさんは、じぶんの　生《う》まれた　いえに　かえされる　ことに　なりました。

その　とちゅう、たかいところに　なっている　かきの　みが　とれずに　こまっている　たび人《びと》に　あいました。

そこで、およめさんが　「へ」を　すると、たくさんの　かきの　みが　とれました。おれいに　たくさんの　お金《かね》を　もらいました。

「へ」で　お金が　もらえたので、おかあさんは、およめさんに　また　もどって　もらいました。

そして、おもいきり　「へ」が　できる「へや」を　つくりました。

こたえ

1 はたらく
やさしい

2 へ

3 はたけ
とばされてしまいました

ゾウのはな

月　　日

てん/30てん

ゾウは、からだが　大《おお》きいので、しゃがむと　おきる　ときが　たいへんです。そこで、はなを　つかって　たべものや　水《みず》を　口《くち》に　はこべるように　ながく　のびました。

はなの　先《さき》には　とがった　ところが　あります。これを　ゆびの　ように　つかって、五円玉《ごえんだま》を　つまむ　ことも　できます。

子《こ》どもが　あるく　ときは、はなで　おかあさんの　しっぽを　にぎります。また、いたずらを　したら　おかあさんに　はなで　やさしく　たたかれます。

---

1 ゾウは、どうした　ときが　たいへんですか。（10点）

しゃがんで、［　　　　］とき。

2 はなを　つかって　どんな　ことが　できますか。（10点）

たべものや［　　　　］を［　　　　］に　はこべる。

3 おかあさんの　しっぽを　はなで　にぎるのは　どんな　ときですか。（10点）

［　　　　］とき。

ゾウのはな

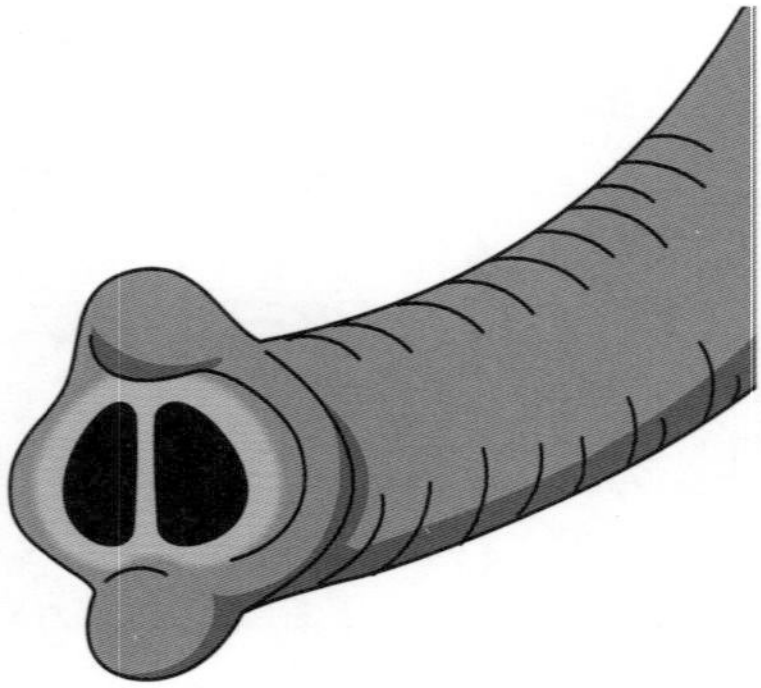

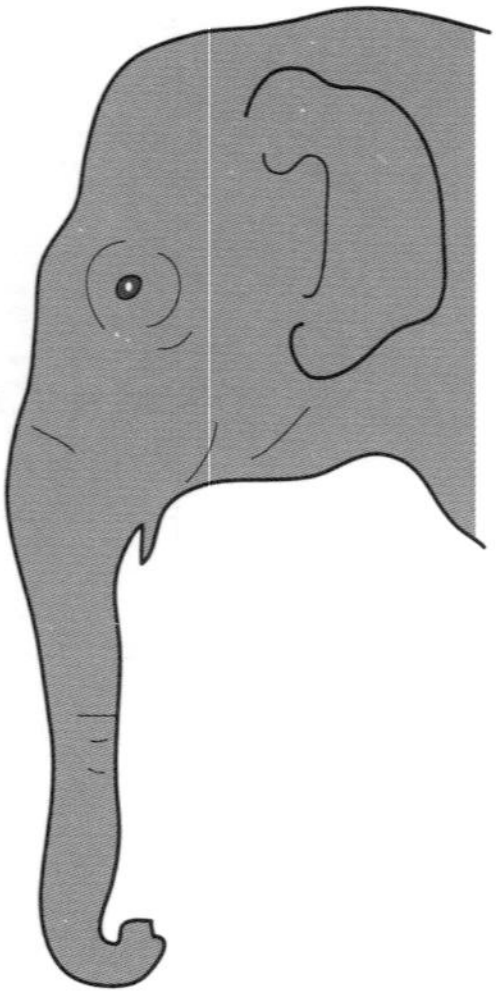

こたえ

1 おきる

2 ① 水 ② 口

3 あるく

いつ・どこ

エゾモモンガのくらし

月　日

てん/30てん

リスの　なかまの　エゾモモンガは、㋐ムダの　ない　くらしを　して　います。

たべものは、ほかの　どうぶつが　たべない　木《き》の　めや　はっぱです。木から　木へ　ジャンプ　するので、下《した》に　おりて　また　のぼると　いうことも　しません。

すむ　ところも、キツツキが　つくった　すあなを　なん年《ねん》も　つかいます。さむく　なると、コケで　ふかふかした　ところに、かぞくみんなが　あつまって　あたためあいます。

1　㋐を　して　いる　どうぶつは　なんですか。（10点）

〔　　　　〕

2　㋐に　ついて、かきましょう。（20点）

①　たべもの

〔　　　　〕が　たべない　木の　めなど。

②　すむところ

〔　　　　〕が　つくった　すあな

③　さむいとき

みんなで〔　　　　〕。

エゾモモンガのくらし

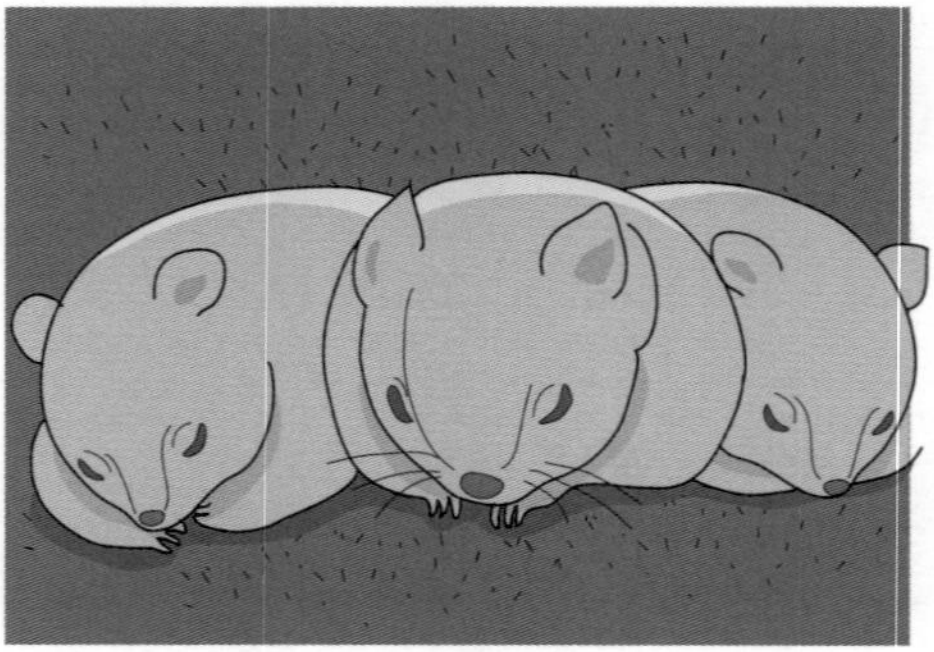

みんなで　あつまって　ねむります。

エゾモモンガの　ジャンプは　ひととびで　100メートルを　こえる　ことも　あります。

こたえ

1 エゾモモンガ

2 ① ほかの　どうぶつ
② キツツキ
③ あたためあう
（あつまる）

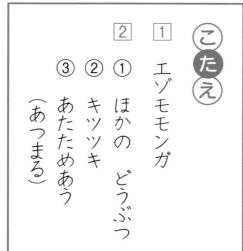

10 いつ・どこ

ピエロのようなとり

月　日

てん/30てん

パフィンは、きたの　さむい　うみに　すむ　とりです。たまごを　うむころに　なると、くちばしが、オレンジいろや　きいろに　なります。また、目《め》の　まわりに　三《さん》かくの　かざりが　出《で》ます。だから、「うみの　ピエロ」と　いわれています。

この　とりは、はねが　小《ちい》さいので、じめんに　おりる　ときに、なかまの　あたまの　上《うえ》に　おりたり、なかまを　けとばしたり　する　ことが　あります。見《み》ていると、ピエロのようで　おもしろいです。

---

1 パフィンは、どこに　すんでいますか。（10点）

きたの［　　　　］

2 パフィンは、なんと　いわれていますか。（10点）

うみの［　　　　］

3 パフィンの　おもしろい　ところは、どこですか。（10点）

なかまの　あたまの　上に

［　　　　］、なかまを

［　　　　］すること。

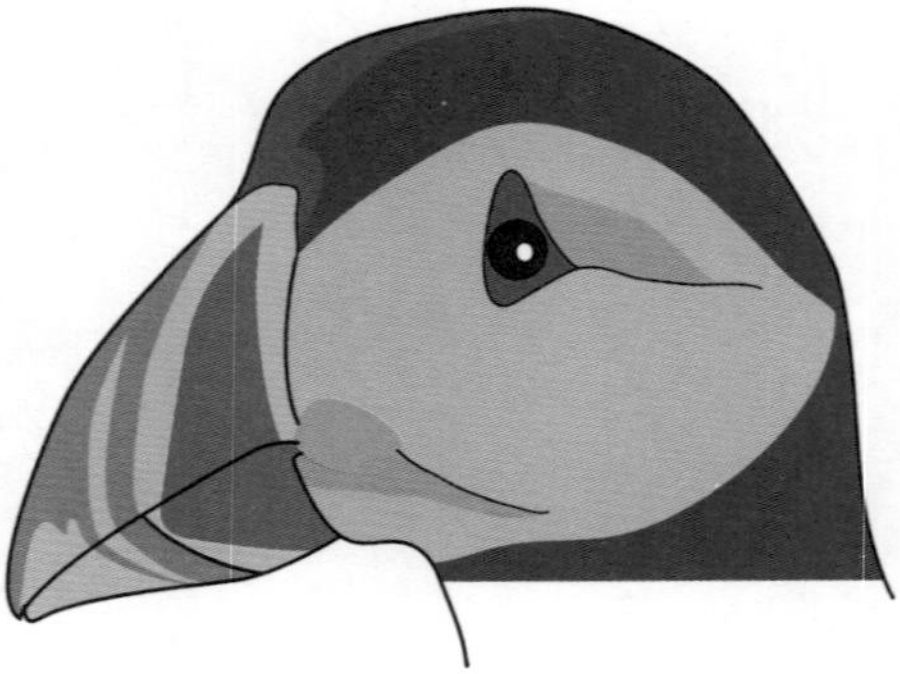

パフィンの　くちばしと　目《め》の　かざり

パフィンの　すがた

こたえ

1 さむい　うみ

2 ピエロ

3 おりたり
けとばしたり

しっぽのはたらき

月　日　てん/30てん

リスの　しっぽは、フサフサ　しています。

リスは、㋐えだの　上《うえ》を　はしる　ときは、しっぽで　うまく　バランスを　とります。木《き》から　とびおりるときは、しっぽを　㋑パラシュートのように　ふわりと　ひろげます。

イルカの　しっぽは、大《おお》きな　おひれで、よこむきに　ついています。イルカが、はやく　およぐ　とき　それを　㋒うちわのように　上下《じょうげ》に　ふります。

1　つぎの　しっぽを　もっている　どうぶつは、なにですか。（10点）

①　大きな　おひれ　〔　　　　〕

②　ふさふさした　け　〔　　　　〕

2　㋐のとき、どんな　やくめが　ありますか。（10点）

㋐　〔　　　　〕を　とる。

3　㋑・㋒で　しっぽを　つかうのは　どんな　ときですか。（10点）

㋑　木から　〔　　　　〕とき。

㋒　〔　　　　〕とき。

リスのしっぽのはたらき

木《き》の上《うえ》で　しっぽを　つかって　バランスをとる

こたえ

1 ① イルカ　② リス

2 バランス

3 ㋑ とびおりる　㋒ はやく　およぐ

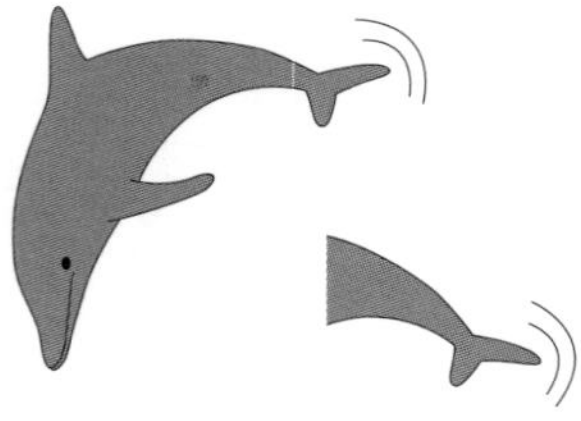

イルカのしっぽ

たねはどこにいくの

月　　日

てん／30てん

タンポポの　わたげを　とばした
ことは　ありますか。
あの　下《した》には　㋐たねが　ついていて
かぜに　のって　とんでいきます。
草《くさ》むらを　あるいた　ときに、ズ
ボンに　なにかが　くっついた　こ
とは　ありませんか。　それも　ひっ
つきむしと　いう　㋑たねなのです。
トゲなどで、どうぶつたちに　くっ
ついて、あちこちに　はこんで　も
らうのです。
　このようにして、たねは、とおい
ところで、めを　出《だ》すのです。

---

1 タンポポの　たねは　どこに　ついていますか。（10点）

［　　　　］の　下。

2 ひっつきむしは、どんな　ときに　ズボンに　くっつきますか。（10点）

［　　　　］を［　　　　］とき。

3 ㋐・㋑の　たねは、どのようにして　とおくまで　はこんで　もらいますか。（10点）

㋐［　　　　］に　のる。

㋑［　　　　］に　くっつく。

タンポポのわたげとタネ

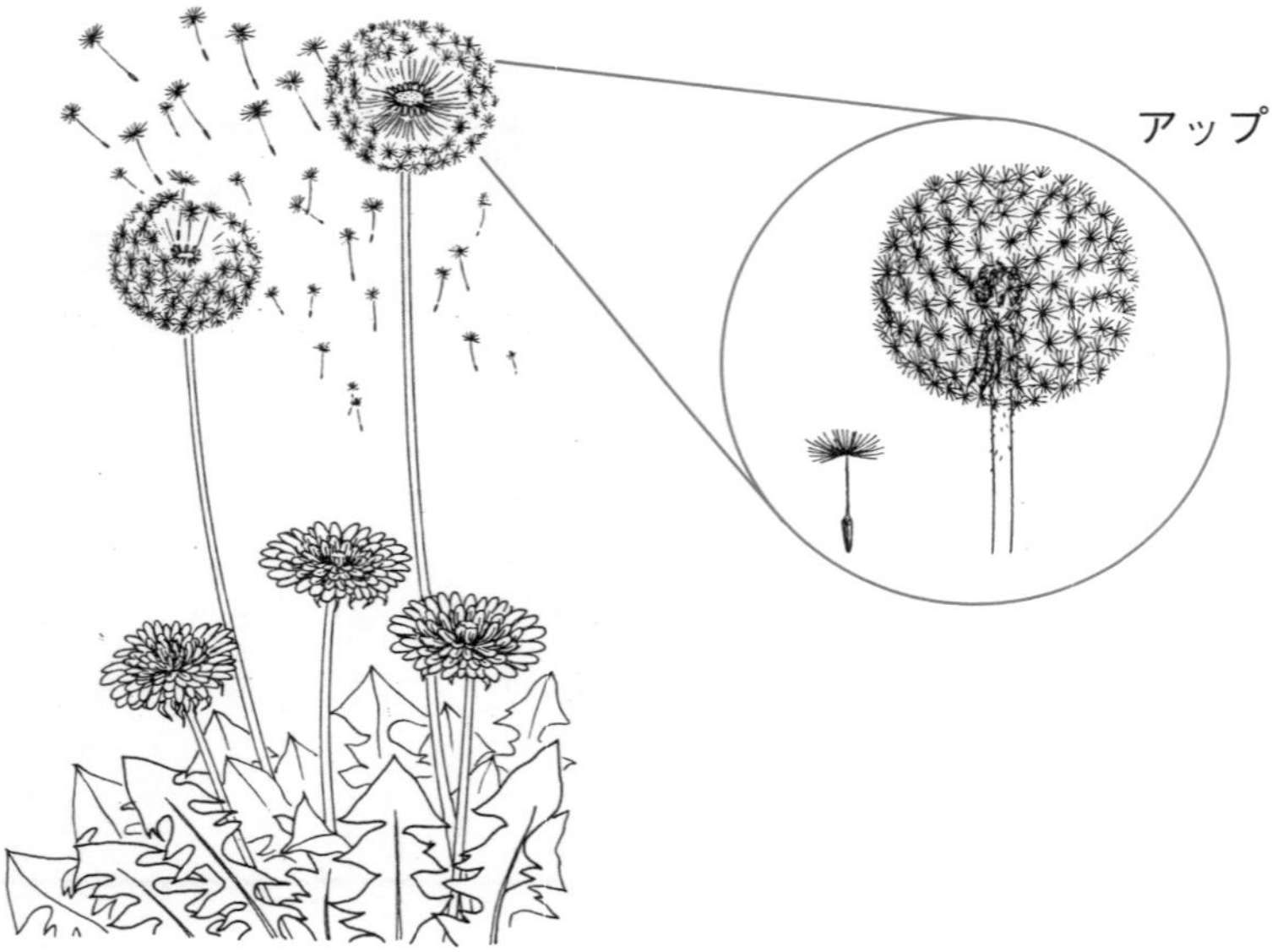

こたえ

1 わたげ

2 草むら
あるいた

3 ㋐ かぜ
㋑ どうぶつたち

いつ・どこ

二ひきのかえる

月　日

てん/30てん

みどりの　かえると　きいろの　かえるが、はたけで　ばったり　出《で》あいました。そこで、二《に》ひきは　あい手《て》の　からだの　いろが　きたないと、いいあいに　なりました。

その　とき、さむい　きたかぜが　ふいてきたので、もうすぐ　ふゆが　やってくる　ことを　おもい出《だ》しました。

そこで、この　けんかの　つづきは、はるに　やろうと　いって、二ひきとも　土《つち》の　中《なか》に　もぐりこみました。

---

1 二ひきの　かえるは　どこで　であいましたか。（5点）

［　　　　］

2 二ひきが、いいあいを　している　とき　なにが　ふいてきましたか。（10点）

さむい［　　　　］

3 けんかの　つづきは、いつ　やることに　なりましたか。（10点）

［　　　　］

4 二ひきは、どこに　もぐりこみましたか。（5点）

［　　　　］

〈そのあとのはなし〉

さむい　ふゆが　すぎて、はるに　なると、目《め》を　さましました。土《つち》の　中《なか》から　出《で》てきたので、まず、からだの　土を　あらってから、けんかの　つづきを　しようと　いう　ことに　なりました。

いけに　とびこんで、きれいに　なりました。おたがいに　あいての　いろが　うつくしいことに　気《き》づき、けんかを　やめることに　なりました。

こたえ

1　はたけ

2　きたかぜ

3　はる

4　土の　中

ゾウの赤ちゃん

月　日

てん/30てん

ゾウの　赤《あか》ちゃんは、生《う》まれて　三十《さんじっ》ぷんほどで　立《た》ち上《あ》がろうと　します。

そして、草《くさ》や　くだもの、木《き》の　かわ、花《はな》などを　たべはじめます。水《みず》も　一日《いちにち》に　バケツ　三ばいほど　のみます。赤ちゃんは　はなが　うまく　つかえるまでは　水に　口《くち》を　つけて　のみます。

二《に》さいを　すぎると、二本《ほん》の　まえばが　生《は》えはじめ、それが　だんだん　ながくなって　きばに　なります。

---

1 ゾウの　赤ちゃんは、生まれて　どれくらいで　立とうと　しますか。（10点）

〔　　　　〕

2 赤ちゃんは、どんなものを　たべますか。（10点）

〔　　　　〕〔　　　　〕

〔　　　　〕〔　　　　〕

3 ゾウの　赤ちゃんは、どのように　水を　のみますか。（10点）

水に〔　　　　〕を　つけて　のむ。

ゾウの赤《あか》ちゃん

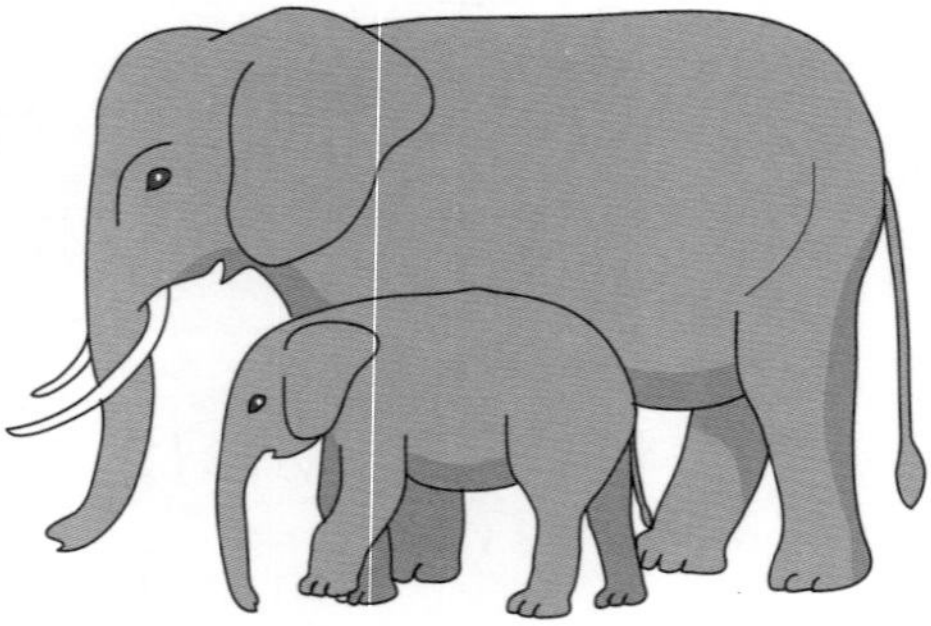

おかあさんゾウと　赤ちゃんゾウ

こたえ

1 三十ぷんほど

2 草　くだもの
木のかわ　花
（じゅんばんは　じゆう）

3 口

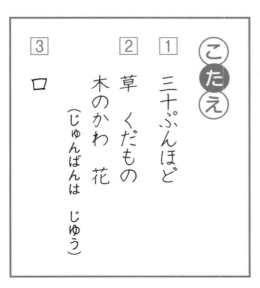

15 どんなようす
ライオンの赤ちゃん

月　日
てん/30てん

どうぶつの 王《おう》さまと いわれて いる ライオン。でも、赤《あか》ちゃんは、生《う》まれたとき、子《こ》ネコぐらいの 大《おお》きさで、目《め》は、まだ あいて いません。すぐに おかあさんに、草《くさ》むらの 中《なか》に かくされます。

三《さん》しゅうかんぐらい たつと、やっと じゅうに あるきまわれるように なります。

二《に》か月《げつ》ぐらいは、おちちだけで 大きくなり、二さいごろまで むれの 中で くらします。

---

1 生まれたときの ライオンの 赤ちゃんは どんな ようすですか。（10点）

① 〔　　　　〕ぐらいの 大きさ。

② 〔　　　　〕は、あいて いない。

2 じゅうに あるきまわれるのは、どのくらい たってからですか。（10点）

〔　　　　〕

3 むれの中で なんさいごろまで くらしますか。（10点）

〔　　　　〕ごろまで。

ライオンの赤《あか》ちゃん

ライオンの　赤ちゃんは　おかあさん
ライオンに　草《くさ》むらに　かくされます。

こたえ

1 ① 子ネコ
② 目

2 三しゅうかんぐらい

3 二さい

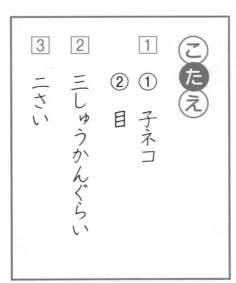

フラミンゴの赤ちゃん

フラミンゴの　赤《あか》ちゃんは、一《いっ》か月《げつ》ほどで　たまごから　生《う》まれます。ひなは、五日《いつか》も　すると、おやどりの　まねをして　水《みず》に　入《はい》ったり、かた足《あし》を　まげたり　します。

ひなの　いろは、はじめ　白《しろ》いろで、おやどりから　もらう　フラミンゴミルクで　だんだん　ピンクいろに　なっていきます。㋐この　ミルクは、口《くち》の　先《さき》から　出《で》る　まっ赤《か》なしるで、おとうさん　フラミンゴからも　出るそうです。

1　ひなは、五日たつと、なにを　しますか。（10点）

①［　　　　］に　入る。

②［　　　　］を　まげる。

2　ひなは、はじめ　なにいろですか。（10点）

［　　　　］

3　㋐は、なにミルクですか。（5点）

［　　　　］ミルク

4　㋐は、どんな　いろの　しるですか。（5点）

［　　　　］しる

フラミンゴの赤《あか》ちゃん

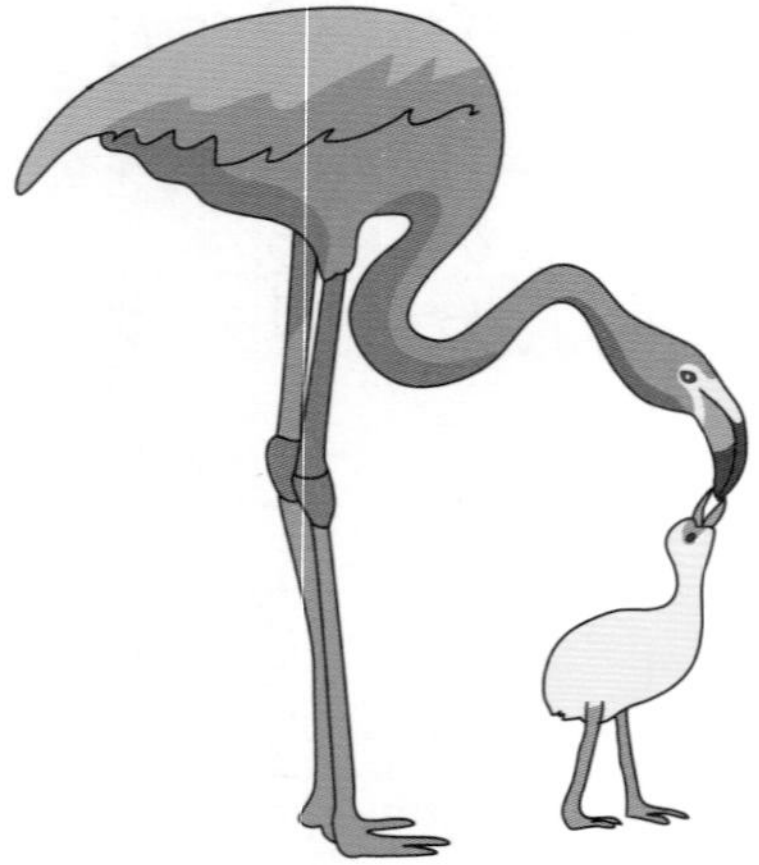

ミルクを　もらっている　ところ

こたえ

1 ① 水
② かた足

2 白いろ

3 フラミンゴ

4 まっ赤な

17 どんなようす
チンパンジーの赤ちゃん

月　日

てん／30てん

生《う》まれたばかりの　チンパンジーの　赤《あか》ちゃんは、まだ　目《め》も　よく見《み》えて　いません。それでも、おかあさんに　しがみついて、おちちをさがして　すいます。

生まれて　一《いっ》か月《げつ》ほどは、一日中《いちにちじゅう》、おかあさんに　だかれて　います。三《さん》か月ほどで、はが　生《は》えて　くだものなどを　たべはじめます。

そうなっても、おちちを　すったり、だっこを　してもらったりと、おかあさんに　㋐あまえて　います。

1　生まれた　赤ちゃんは　すぐ　なにを　さがしますか。（10点）

［　　　　］

2　生まれて　三か月ほど　たつと　なにを　たべはじめますか。（10点）

［　　　　］

3　どんなふうに　㋐を　して　いますか。（10点）

①［　　　　］を　すう。

②［　　　　］　してもらう。

チンパンジーの赤《あか》ちゃん

おかあさんに　しがみついて
いる　ところ

こたえ

1 おちち

2 くだもの（など）

3 ① おちち
② だっこ

18 モグラのまえ足

月　日

てん/30てん

モグラは、まっくらな 土《つち》の 中《なか》に すんでいます。大《だい》すきな たべものは ミミミズです。

モグラは、土の 中に ながい トンネルを ほって、そこに 出《で》て きた ミミズを つかまえます。

モグラの まえ足《あし》は、トンネルを ほるときは、シャベルになり、ミミミズを おさえつけるときは、フォークにも なります。

1 モグラは、どこに すんで いますか。(10点)

［　　　　］

2 モグラが 大すきな たべものは なんですか。(10点)

［　　　　］

3 モグラの まえ足は つぎの とき、どんな どうぐに なりますか。(10点)

① トンネルを ほるとき

［　　　　］

② ミミミズを おさえつけるとき

［　　　　］

モグラのまえ足《あし》

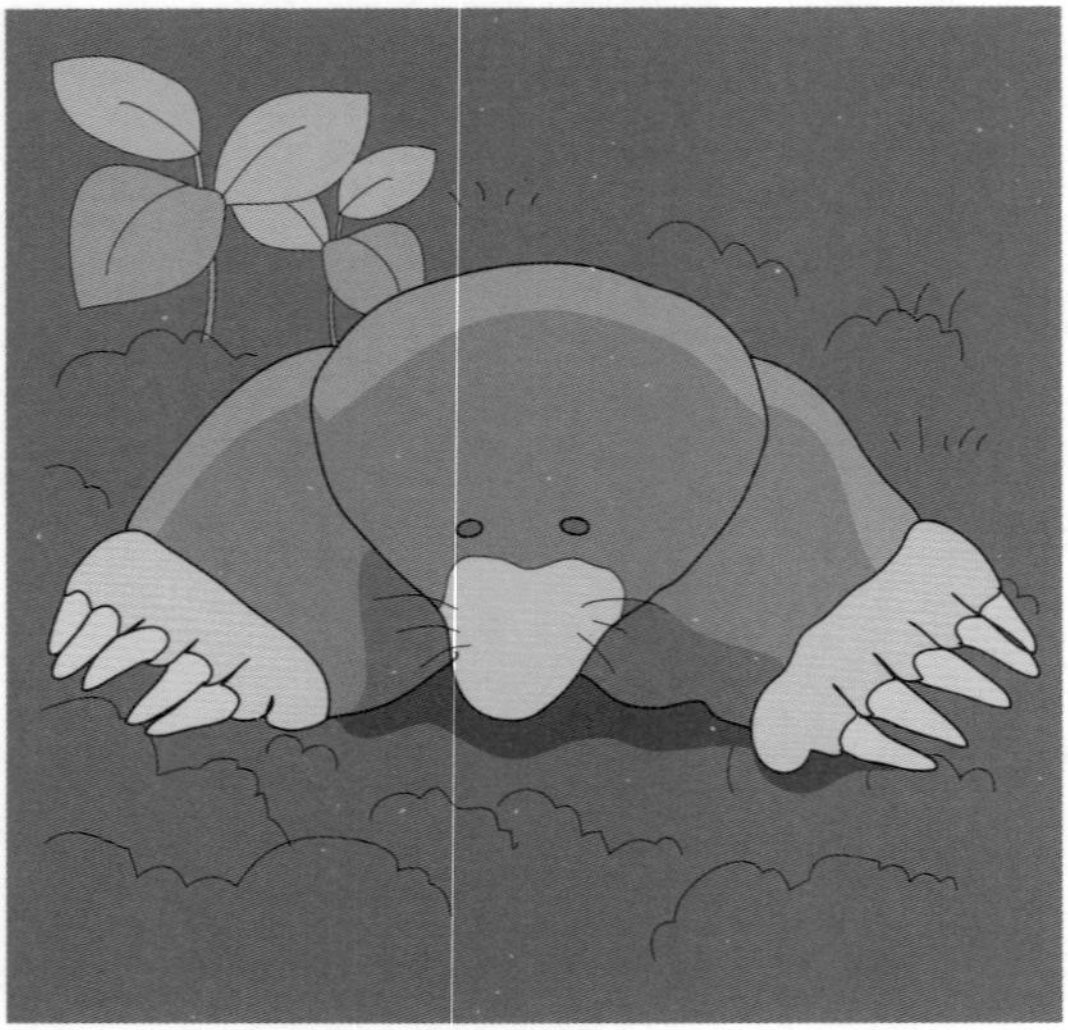

土《つち》から　出《で》てきた　モグラ

こたえ

1 （まっくらな）土の中

2 ミミズ

3 ① シャベル
② フォーク

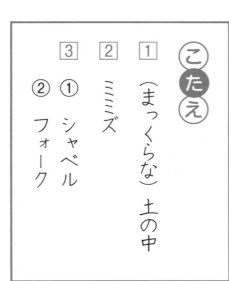

19 どんなようす

コアラの足

月　日

てん/30てん

コアラの　足《あし》は、木《き》の　上《うえ》で　くらしやすいように　できています。

うしろ足には、五本《ごほん》の　ゆびが　あります。えだを　つかみやすいように、おやゆびは、ほかの　四本《よん》の　ゆびと　はなれて　むきあっています。人《にん》げんの　手《て》と　おなじです。

まえ足も、ゆびは　五本ですが、おやゆびと　人《ひと》さしゆびが、ほかの　三《さん》本の　ゆびと　はなれて　むきあっています。

また、足には、スパイクのような　ツメが　ついています。

---

1 コアラの　足は　どこで　くらしやすいように　なって　いますか。（10点）

〔　　　　〕

2 人げんの　手と　おなじように　むきあっているのは　どの足ですか。（10点）

〔　　　　〕

3 足の　ツメは、どんな　ツメですか。（10点）

〔　　　　〕のようなツメ。

コアラ

まえ足《あし》
5本《ほん》とも
ツメが　ある
うしろ足
おやゆびだけ
ツメが　ない

たいちょう　70センチくらい
たいじゅう　10キログラムくらい

こたえ

1 木の上

2 うしろ足

3 スパイク

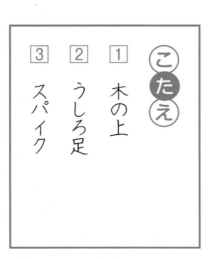

はこぶじどう車

まちを　はしる　バスは、おおぜいの　人《ひと》を　のせて、あんぜんに　はこぶ　車《くるま》です。その　ために、ざせきの　ところが　ひろく、つりかわや　手《て》すりが　ついています。また、のりおりが　しやすいように　ゆかが　ひくく　なっています。

トラックは、にもつを　はこぶ　車です。だから、にもつを　のせる　ところは　ひろく　なっています。おもい　にもつを　のせる　トラックは、たくさんの　タイヤが　ついています。

---

1 バスは　人を　あんぜんに　のせる　ために、どう　なっていますか。(20点)

① ざせきを　［　　　］する。

② つりかわや、［　　　］が　ついている。

③ のりおり　しやすいように　ゆかが　［　　　］なっている。

2 トラックは、おもい　にもつを　のせるため、なにが　ついていますか。(10点)

［　　　］の　タイヤ

はこぶじどう車《しゃ》

〈トラック〉

にもつを　のせる　ところが
ひろい
たくさんの　タイヤが　ある。

〈バス〉

ゆかが　ひくい

つりかわ

ひろい　ざせき

こたえ

1
① ひろく
② 手すり
③ ひくく

2
たくさん

じゅんじょよく

ライオンたいシマウマ

月　日

てん/30てん

シマウマは、一日《いちにち》に 一《いっ》かいは 水《みず》を のみます。しかし、㋐このときは、てきに いのちを ねらわれやすいのです。

あるとき、シマウマが 水を のんで いると ライオンが ちかより、するどい キバと ツメで おそいかかりました。しかし、シマウマは、くびを かまれ ちを 出《だ》しながらも ライオンに のしかかって、川《かわ》に しずめました。ライオンが おぼれそうに なっている あいだに、シマウマは、はしって にげました。

---

1 ㋐のときは、なにが ねらわれやすいですか。（10点）

［　　　　］

2 ライオンに おそわれた シマウマは、どうなりましたか。（10点）

［　　　　］をかまれ、［　　　　］を出す。

3 シマウマは、ライオンを どうしましたか。（10点）

ライオンに［　　　　］、

川に［　　　　］。

ライオンたいシマウマ

こたえ

1 いのち

2 くび
ち

3 のしかかって
しずめた
（しずめました）

郵　便　は　が　き

料金受取人払郵便

大阪北局
承　認
246

差出有効期間
2024年５月31日まで
※切手を貼らずに
お出しください。

５３０-８７９０

１５６

大阪市北区曽根崎２－11－16
梅田セントラルビル

清風堂書店
愛読者係　行

愛読者カード　ご購入ありがとうございます。

フリガナ			性別	男　・　女
お名前			年齢	歳
TEL FAX	（　　）	ご職業		
ご住所	〒　　－			
E-mail	@			

ご記入いただいた個人情報は、当社の出版の参考にのみ活用させていただきます。
第三者には一切開示いたしません。

□学力がアップする教材満載のカタログ送付を希望します。

●ご購入書籍・プリント名

●ご購入店舗・サイト名等（　　　　　　　　　　　　　　　　　　　　　　　　　　　　　　）

●ご購入の決め手は何ですか？（あてはまる数字に○をつけてください。）

1．表紙・タイトル　　2．中身　　3．価格　　4．SNSやHP

5．知人の紹介　　6．その他（　　　　　　　　　　　　　　　　　　　　）

●本書の内容にはご満足いただけたでしょうか？（あてはまる数字に○をつけてください。）

たいへん満足　5　4　3　2　1　不満

●本書の良かったところや改善してほしいところを教えてください。

●ご意見・ご感想、本書の内容に関してのご質問、また今後欲しい商品のアイデアがありましたら下欄にご記入ください。

ご協力ありがとうございました。

★ご感想を小社HP等で匿名でご紹介させていただく場合もございます。　□可　□不可

★おハガキをいただいた方の中から抽選で10名様に2,000円分の図書カードをプレゼント！
当選の発表は、賞品の発送をもってかえさせていただきます。

じゅんじょよく

どうぐをつかうとり

月　日

てん/30てん

㋐キツツキフィンチという とりは、どうぐを つかいます。まず、木《き》の みきに 耳《みみ》を あてて、虫《むし》の うごく 音《おと》を ききます。そして、木の みきに あけられた あなに 小《こ》えだを 入《い》れて、キツツキのように あたまを まえうしろに うごかします。

そうして、中《なか》に いる 虫を ひきよせて たべます。また、この小えだを ちょうど いい ながさに けずる ことも あるそうです。

---

1 ㋐は 虫の うごく 音を きく ために 木の みきに なにを あてますか。（10点）

［　　］

2 ㋐は、なにを どうぐに つかいますか。（10点）

［　　］

3 2を どのように うごかしますか。（10点）

あなに 入れて、［　　］のように ［　　］を まえうしろに うごかす。

キツツキフィンチ

木《き》の　あなに　小《こ》えだを
さしこんで　いる　ところ

木の　みきに　耳《みみ》を　あてて
いる　ところ

こたえ

1 耳

2 小えだ

3 キツツキ
あたま

パンダの赤ちゃん

生《う》まれたての　パンダの　赤《あか》ちゃんは　とても　小《ちい》さいです。白《しろ》い　けが　生《は》えて　いるだけで、目《め》も　あいて　いません。

そして、七日《なのか》ぐらいで、だんだん　白と　くろの　パンダもようが　できてきます。

二《に》か月《げつ》くらい　たつと、目が　はっきりと　あいて、やっと　すこし　はう　ことが　できます。

そして、一年《いちねん》くらいで　竹《たけ》が　たべられるように　なり、おかあさんから　はなれ　はじめます。

1　生まれたときの　パンダの　赤ちゃんの　けは、なにいろですか。（15点）

［　　　　］いろ

2　つぎの①～③は、生まれてから　どれくらいの　ことですか。（15点）

①　白と　くろの　パンダもようが　できる。

［　　　　］

②　目が　はっきり　あく。

［　　　　］

③　竹が　たべられる。

［　　　　］

パンダの赤《あか》ちゃん

生《う》まれたての　赤ちゃん

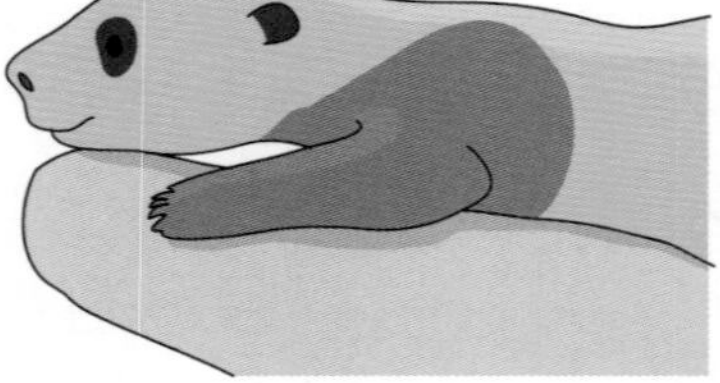

うっすらと　パンダもようが　できる

おかあさんと　いっしょの　もようになる

こたえ

1 白

2 ① 七日（ぐらい）
② 二か月（ぐらい）
③ 一年（ぐらい）

24 キリンの赤ちゃん

くびの ながい キリンは、どのように 生《う》まれて くるのでしょうか。生まれるときの 大《おお》きさは、にんげんの おとなぐらい あります。

おかあさんの おしりから、赤《あか》ちゃんの あたまと まえ足《あし》が 出《で》てきます。しかし、くびを ささえる かたが ひろく、なかなか 出てこられません。やっと かたが 出ると、ズルッと こしまで 出て そのまま 下《した》に おちます。㋑生まれた 赤ちゃんは 一《いち》じかんほどで じぶんで 立《た》ち上《あ》がります。

---

1 キリンの 赤ちゃんは どれぐらいの 大きさで 生まれますか。（5点）

にんげんの［　　　］ぐらい。

2 赤ちゃんの からだは、どのじゅんばんで 生まれて きますか。（15点）

①［　　　］と［　　　］

②［　　　］

③［　　　］

3 ㋑が じぶんで 立ち上がる じかんは どのくらいですか。（10点）

［　　　］ほど

キリンの赤《あか》ちゃん

たいちょう　180センチくらい
たいじゅう　70キログラムくらい

生《う》まれてから　1じかんほどで　立《た》ち上《あ》がる

こたえ

1 おとな

2 ① あたま　まえ足
（じゅばんは　じゆう）
② かた
③ こし

3 一じかん

アザラシの赤ちゃん

月　日

てん/30てん

アザラシは、きたの　さむい　うみに　すんでいます。おかあさんが、赤《あか》ちゃんを　生《う》むときは　こおりの　上《うえ》に　のります。そして、そこで　生みます。

おかあさんは、赤ちゃんが　生まれると　すぐに　においを　かぎます。ほかの　赤ちゃんと　まちがえないように　するためです。

赤ちゃんが、おかあさんと　いっしょに　いられるのは　二《に》しゅうかんだけです。その　あいだに　おちちを　のんで　大《おお》きくなります。

---

1 アザラシの　おかあさんが　赤ちゃんを　生んだ　ときのことを　かきましょう。（10点）

①［　　　　］の上で　生む。

②［　　　　］を　かぐ。

2 赤ちゃんは、おかあさんと　どれぐらい　いっしょに　いられますか。（10点）

［　　　　］

3 赤ちゃんは、なにを　のんで　大きく　なりますか。（10点）

［　　　　］

アザラシの赤《あか》ちゃん

アザラシの　赤ちゃんの　においをかぐ　おかあさん

こたえ

1 ① こおり
② におい

2 ニしゅうかん

3 おちち

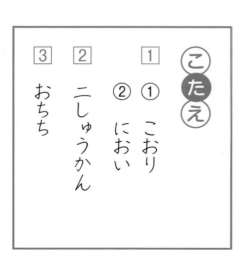

よくばりな犬

月　日

てん/30てん

ある日《ひ》、にくを くわえた 犬《いぬ》が
はしを わたって いました。

㋐「川《かわ》の 中《なか》の 犬が もって
いる にくも とってやろう。」
と、おもいました。

㋑ほえた とたん、じぶんが
くわえていた にくが 川の 中
に おちて しまいました。

㋒はしの 中ほどに きたとき
川の 中にも にくを くわえた
犬が いるのを 見《み》つけました。

「あー、どうなったんだ、ぼくの
にくは。」

---

1 この 犬は なにを くわえて いましたか。（5点）

［　　　］

2 ㋐〜㋒を おはなしの じゅんばんに ならび かえましょう。（15点）

①（　）
②（　）
③（　）

3 この 犬は、どんな 犬ですか。［　］から えらびましょう。（10点）

［　　　］犬

やさしい　よわい　よくばりな

かたかなのことばは？

かたかなで　かくことばを　たどって、ゴールまで　いこう。
とちゅうに　あわないようにね。

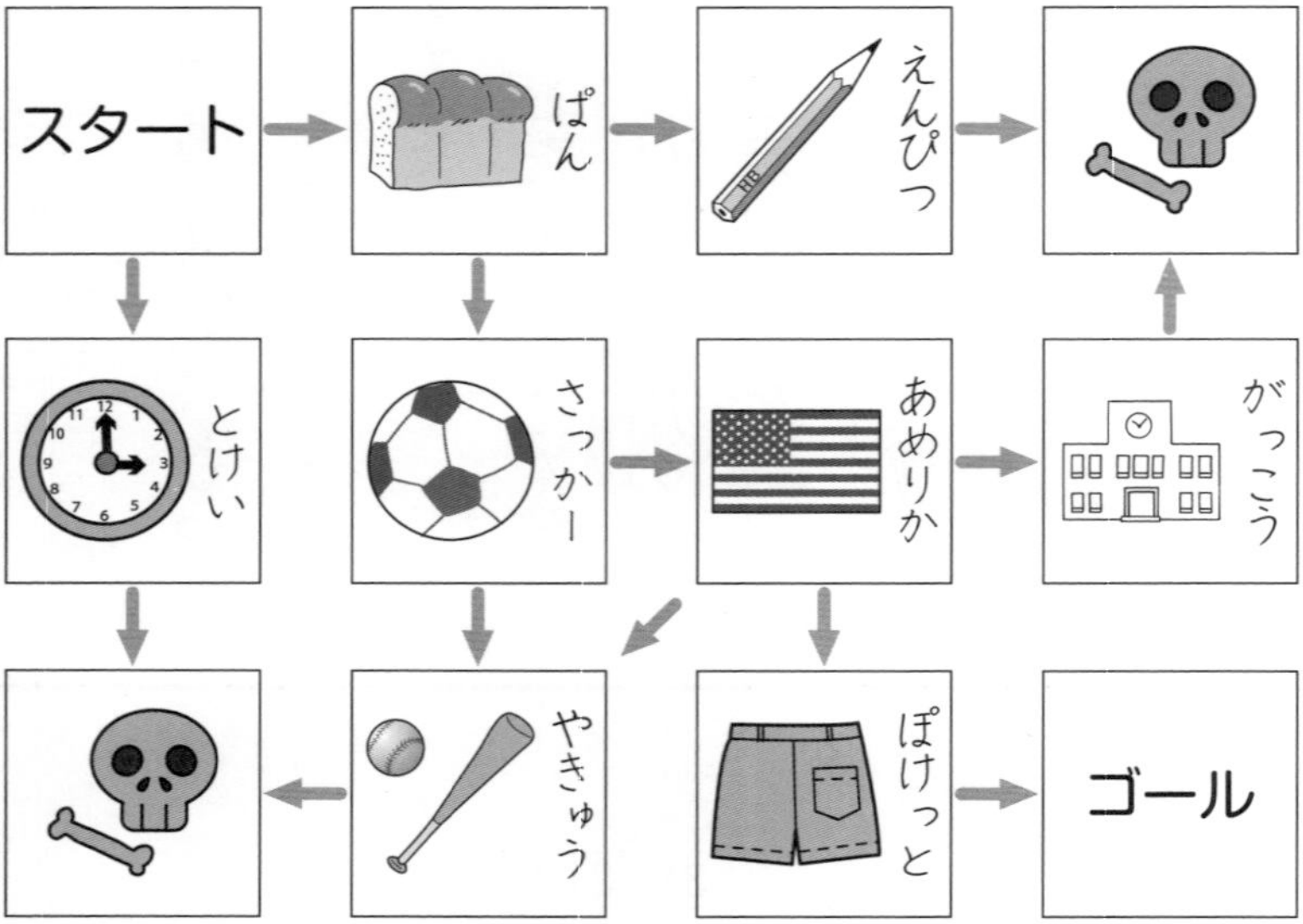

こたえ

1 にく

2 ①ウ ②ア ③イ

3 よくばりな

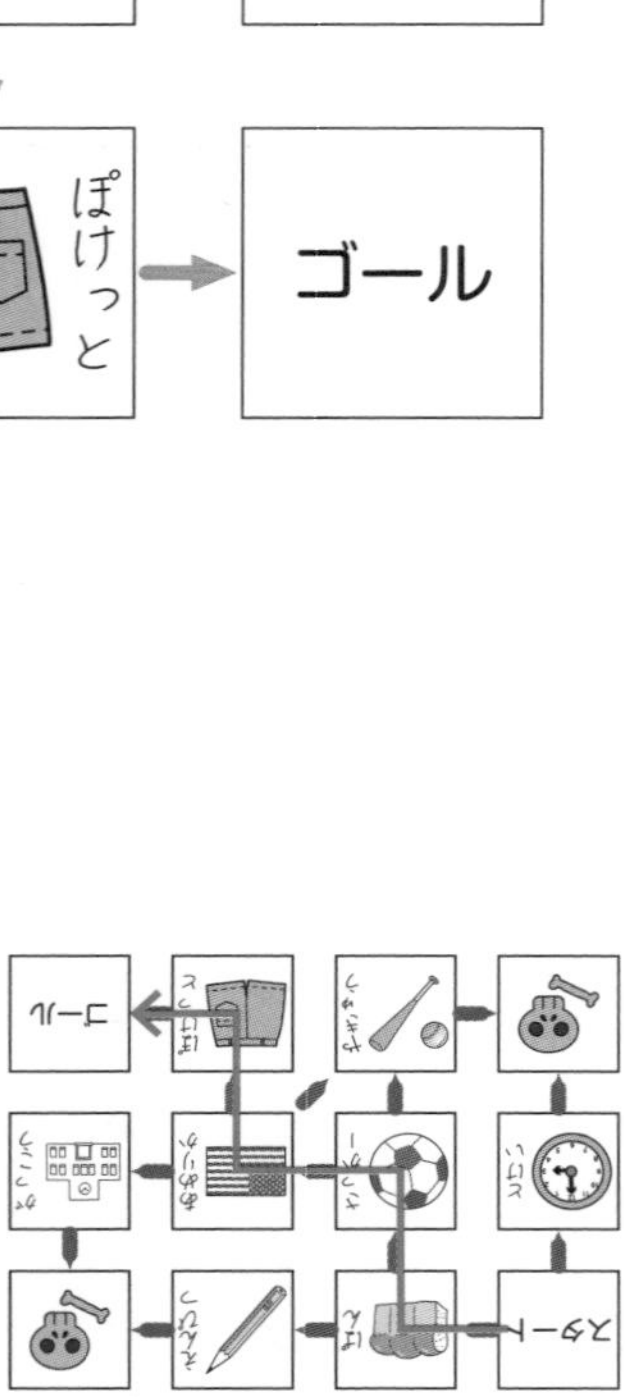

（こたえ）

石をつかうサル

石《いし》を　つかう　サルは、チンパンジーだけと　いわれて　きました。しかし、フサオマキザルも　㋐それを　つかいます。

㋑このサルは、とても　あたまが　よくて、㋒かたい　からの　ヤシの　みを　石の　だいの　上《うえ》に　おいて、大《おお》きな　石で　たたきわる　わざを　みに　つけました。

そして、この　サルは、からだの　ふじゆうな　人《ひと》の　手《て》だすけを　する　サルとして、かわれたことも　あります。

1　㋐は、なんですか。（5点）

〔　　　　〕

2　㋑の　サルを　かきましょう。（5点）

□□□□□ザル

3　㋑は㋒を、どこに　おきますか。（10点）

□□□□□の　上。

4　㋑は、どんな　かわれかたを　したことが　ありますか。（10点）

からだの〔　　　　〕な　人の〔　　　　〕を　する。

石《いし》で　わろうと　する　フサオマキザル

こたえ

1 石

2 フサオマキ

3 石のだい

4 ふじゆう

手だすけ

カモの足

水《みず》どりの　カモは、水《すい》めんを　スイスイ　およいで　います。

㋐その　ヒミツは、足《あし》に　ついて　いる　水かきに　あります。㋑それは、三本《さんぼん》の　ゆびの　あいだに　ある　まくです。これが　あるので、たくさんの　水を　かいて、ぐんぐん　すすめるのです。

スイスイ　およいでいる　水の中《なか》では、かわるがわる　足を　ぜんごに　うごかして　いるのです。水かきは、ふねの　スクリューのような　はたらきを　しているのです。

---

1 ㋐は、どんな　ヒミツですか。(10点)
カモが、水めんを　スイスイ
〔　　　　〕ヒミツ

2 ㋑は、なんの　ことですか。(5点)

3 カモは、水の　中で、足を　どの　ように　していますか。(10点)
かわるがわる〔　　　　〕に　うごかして　いる。

4 ㋑は、ふねの　なんの　はたらきと　おなじですか。(5点)

カモの足《あし》

水《みず》の　中《なか》で　水かきを　つかって　スイスイ　およぐ

こたえ

1 およげる（およぐ）
2 水かき
3 ぜんご
4 スクリュー

コアラの赤《あか》ちゃん

生《う》まれて すぐの コアラの 赤《あか》ちゃんは、二《に》センチぐらいの 大《おお》きさで、おもさも、一円玉《いちえんだま》ぐらいです。目《め》や 耳《みみ》は まだ はっきり わかりませんが、口《くち》と まえ足《あし》だけは、はっきり しています。

まえ足には、とがった ツメが あります。㋐それで、においを たよりに、はい上《あ》がって、おかあさんの おなかの ふくろの 中《なか》に 入《はい》って いきます。

㋑そこで、六《ろっ》か月《げつ》ぐらいの あいだ、おちちを のんで 大きく なります。

---

1 生まれて すぐの コアラの 赤ちゃんは どんな ようすですか。（10点）

① 大きさ〔　　　〕ぐらい

② おもさ〔　　　〕ぐらい

2 ㋐は、なんの ことですか。（10点）

［　　　］に ある とがった ［　　］。

3 ㋑は、どこですか。（10点）

おかあさんの おなかの ［　　　］の 中。

コアラの赤《あか》ちゃん

おとなの　コアラ

たいちょう　2センチくらい
おもさ　1グラムくらい

こたえ

1 ① ニセンチ
② 一円玉

2 まえ足
ツメ

3 ふくろ

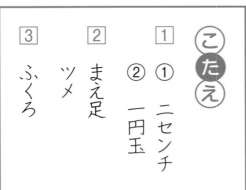

フンころがしの名人

まきばには、ウシや ヒツジの フンが どこにでも あります。

　フンころがしの 名人《めいじん》 スカラベは、㋐それらの フンを まるめて ころがします。そして、ある ところまで いくと、あなを ほります。㋑その 中《なか》に フンを はこびこみ、たべはじめます。

　このようにして、スカラベが まるめた フンは、あなの 中で 草《くさ》の えいようにも なります。

---

1 ㋐は、なんの フンですか。（10点）

〔　　　〕や〔　　　〕

2 ㋐を スカラベは、どうしますか。（10点）

まるめて〔　　　〕。

3 ㋑で、スカラベは、どうしましたか。（5点）

フンを □□□□□□。

4 スカラベが まるめた フンは なににも なりますか。（5点）

草の〔　　　〕

フンころがしの名人《めいじん》

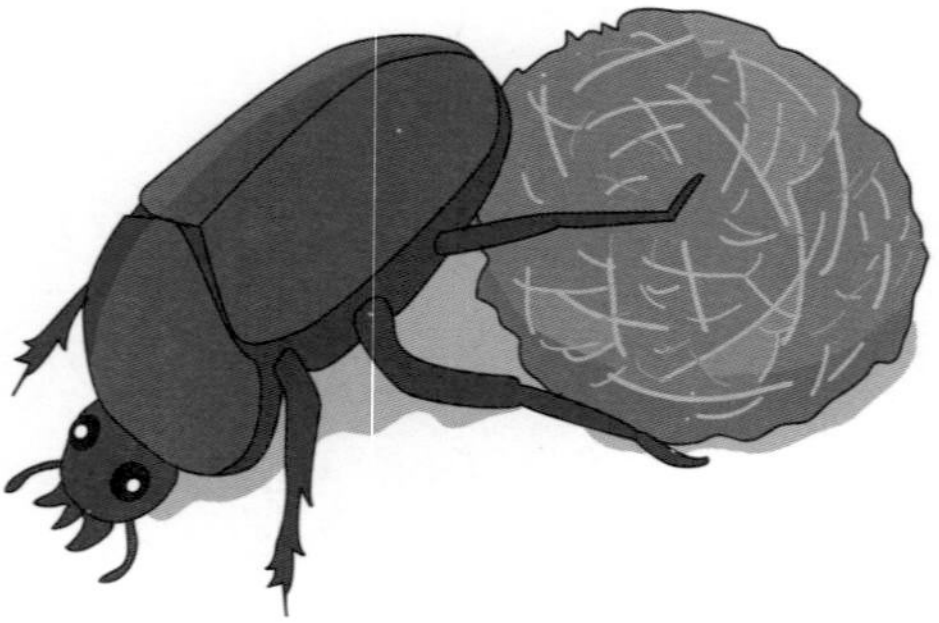

ウシの　フンを　まるめて　はこぶ　スカラベ

こたえ

1 ウシ
ヒツジ
（じゅんばんは　じゆう）

2 ころがす（ころがします）

3 たべはじめる

4 えいよう

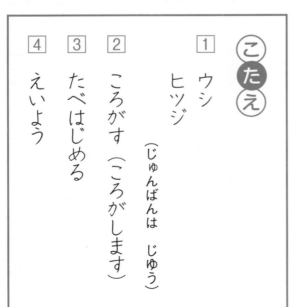

ヤモリの足

むかしから　ヤモリは、いえの中《なか》に　いる　虫《むし》などを　たべるので「いえを　まもる」　生《い》きものと　いわれています。

また、「いえを　まもる」かのように　かべや　天《てん》じょうなど　どこにでも　ピタッと　はりついて　います。

㋐その　ヒミツは、足《あし》の　ゆびの　うらに　ある　ギザギザした　うろこです。㋑そこには、ものに　すいつく　目《め》に　見《み》えないほどの　こまかい　け・が　生《は》えているのです。

1　ヤモリは、なんと　いわれていますか。（10点）

〔　　　　〕生きもの

2　㋐は、どんな　ヒミツですか。（10点）

かべや〔　　　　〕など　どこにでも　ピタッと〔　　　　〕ヒミツ。

3　㋑は、どこですか。（10点）

足の　ゆびの　うらに　ある　ギザギザした〔　　　〕。

ヤモリの足《あし》

ギザギザの　うろこ

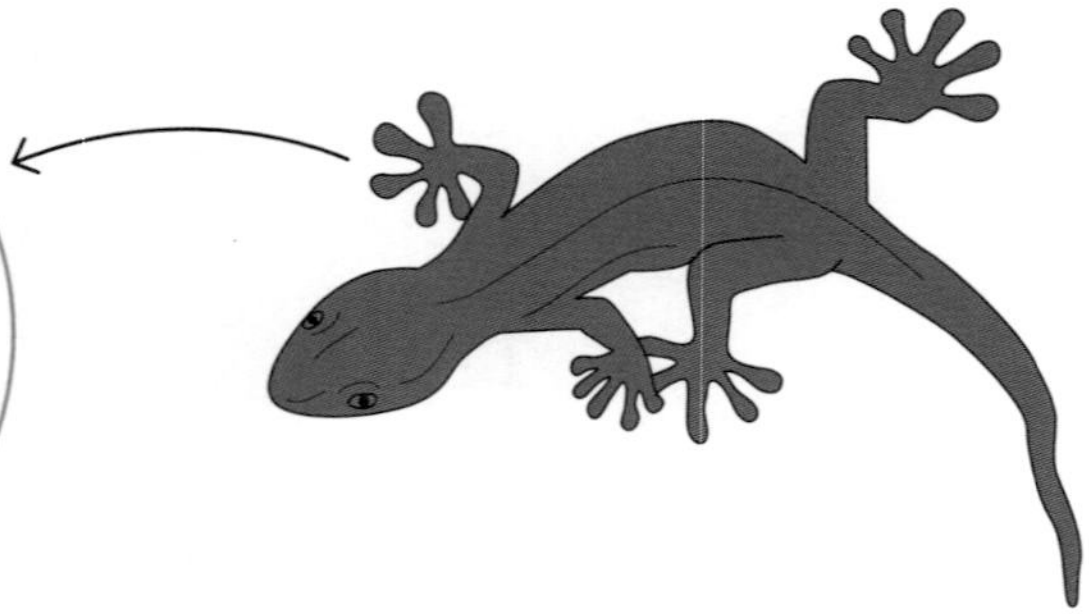

たいちょう　　10～14センチくらい
からだの　いろ　はいいろや　ちゃいろ

こたえ

1 いえを　まもる

2 天じょう
はりつける
（はりついている）

3 うろこ

なぜ・りゆう

どうぶつのはのかたち

月　日

てん/30てん

どうして、どうぶつには　いろいろな　はの　かたちが　あるのでしょうか。

ライオンの　口《くち》には、ながい　キバと、するどい　おくばが　ありま す。ながい　キバを　えものに　くいこませて、するどい　おくばで　かみきります。

キリンは、ひらたい　おくばで、口を　左右《さゆう》に　うごかして、草《くさ》など を　すりつぶして　たべます。

このように、どうぶつの　はは、たべものに　よって　ちがうのです。

1　たずねている　文《ぶん》に　――（せん） を　ひきましょう。（10点）

2　つぎの　①と②の　はの　どうぶつを　かきましょう。（10点）

①　ひらたい　おくば

［　　　　］

②　ながい　キバ、するどい　おくば

［　　　　］

3　1の　こたえを　かきましょう。（10点）

□□□□に　よって　ちがうから。

どうぶつのはのかたち

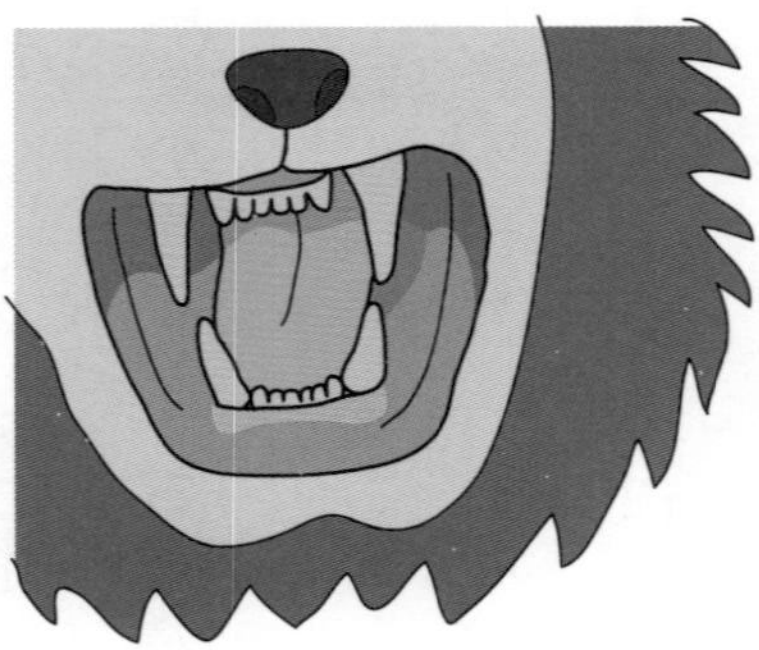

ライオンの　は

キリンの　は

こたえ

1 どうして、どうぶつに　は　いろいろな　はの　かたちが　あるのでしょうか。

2 ① キリン
② ライオン

3 たべもの

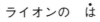

かた足立ちのフラミンゴ

月　日

てん/30てん

フラミンゴは、なぜ かた足《あし》で 立《た》って いるのでしょうか。

一《ひと》つは、からだの おんどを 下《さ》げないためです。ずっと、水《みず》の 中《なか》に 入《はい》って いると からだの おんどが 下がって きます。それで、じぶんの おなかの はねの けに かた足ずつ くっつけて あたためて いるのです。

もう一つは、てきが きたら、すぐに にげられるように 立って いるのです。

---

1 たずねている 文《ぶん》に ——せんを ひきましょう。（10点）

2 立って いない かた足は どこに くっつけますか。（10点）

［　　　］の はねの［　　　］

3 1の こたえを 二つ かきましょう。（10点）

① ［　　　］の［　　　］を 下げないため。

② てきが きたら、すぐに［　　　］ため。

かた足立《あしだ》ちのフラミンゴ

こたえ

1 フラミンゴは、なぜ　かた足で　立っているのでしょうか。

2 おなか
け

3 ① からだ
おんど
② にげる（にげられる）

たべつづけるモグラ

モグラは、一日《いちにち》に　二十《にじゅう》から　三《さん》十《じっ》ぴきの　ミミズを　たべないと　しんでしまうと　いわれています。

そのために、モグラは、じめんの　下《した》、十《じっ》センチぐらいの　ところに、百《ひゃく》メートルも　つづく　ながい　トンネルを　ほっています。そして、その中《なか》を　いつも　うごきまわって、出《で》てきた　ミミズを　とっています。

この　ながい　トンネルは、ミミズを　とるための　ⓐ大《おお》きな　ワナなのです。

1 モグラは、一日に　なんびきの　ミミズを　たべますか。（10点）

［　　　　］

2 ⓐは、なんの　ことですか。（10点）

ながい［　　　　］

3 どうして、ⓐを　つくって　いるのですか。（10点）

［　　　　］を　とるため。

モグラのすあなのようす

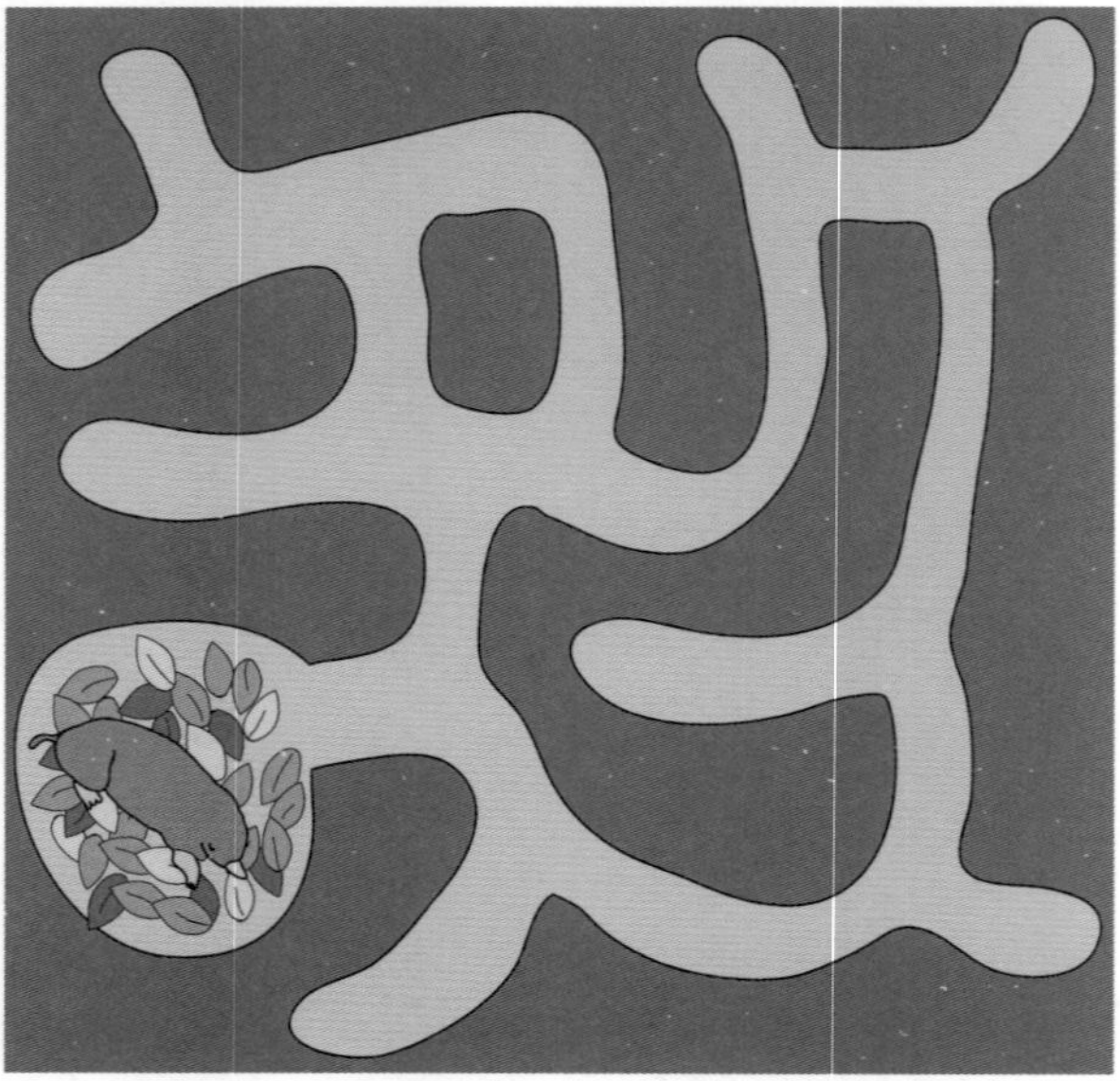

(じめんの　下《した》を　上《うえ》から　見《み》た　ず)

トンネルの　中《なか》に　出《で》てきた
ミミズを　とって　たべて
います。
はん日《にち》　たべないと、しんで
しまうことも　あります。

こたえ

1　二十から三十ぴき

2　トンネル

3　ミミズ

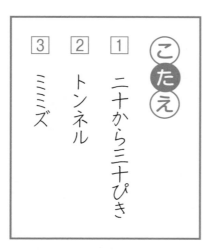

アサガオのつるのはたらき

アサガオは、つるが　なにかに　まきついて　いないと　上《うえ》に　のびて　いけません。

だから、アサガオの　つるの　先《さき》は、まきつきやすいように　やわらかく　なっています。見《み》た目《め》には、わかりませんが、まきつくものを　さがして　ゆっくり　クルクルと　うごかしています。そして、なにかに　ふれると　まきつき　はじめます。

こうして、アサガオは　お日《ひ》さまの　ひかりを　もらうために、つるが　上《うえ》へ　のびていくのです。

---

1 アサガオの　つるの　先は、どう　なっていますか。（10点）

［　　　　　　］なっている。

2 つるの　先は、なにかに　ふれると　どうなりますか。（10点）

［　　　　　　］はじめる。

3 アサガオは、なぜ、上に　のびて　いくのですか。（10点）

［　　　　　　］の　ひかりを　もらうため。

〈アサガオ〉

まい日《にち》、あさに　さく　アサガオ。だいたい、くらくなってから、九《く》じかんぐらい　たったら、さきはじめるそうだ。

その　つるは、上《うえ》から　見《み》ると左《ひだり》まわりに　まきついている。

そして、もし、まわりに　まきつくものが　なかったら、つるの　先《さき》はかれてしまう。

こたえ

1 やわらかく

2 まきつき

3 お日さま

エゾリスのふゆじゅんび

あきに　なると、エゾリスは、木《き》の　上《うえ》で、クルミを　たべつづけます。そして、クルミを　あちこちに　あなを　ほって、うめます。

エゾリスは、ふゆの　あいだ　とうみん　しません。だから、ふゆの　まえに、まるまると　ふとり、さむさに　まけない　からだに　しようと　しています。

ふゆに　なると、においと　きおくを　たよりに、ゆきの　下《した》に　うめた　クルミを　たべて、はるを　まちます。

1　エゾリスは、あきに　なにを　たべつづけますか。（10点）

［　　　］

2　ふゆに　なるまえに　エゾリスの　からだは　どうなって　いますか。（10点）

まるまると［　　　］

3　なぜ　2のからだに　するのですか。（10点）

ふゆの　あいだ［　　　］が　できないので、［　　　］に　まけない　からだに　するため。

エゾリス

えぞ＝ほっかいどうの　ふるい　名《な》まえ

こたえ

1 クルミ

2 ふとっている（ふとる）

3 とうみん　さむさ

37 なぜ・りゆう
どうぶつの足

月　日

てん/30てん

ライオンの 足《あし》の うらには、まるくて やわらかく、クッションの ように なって いる ところが あります。だから、ほとんど ㋐足音《あしおと》を たてずに、えものに ちかづく ことが できます。

ダチョウの 足には 二本《にほん》の じょうぶな ゆびが あります。だから、じめんを つよく ける ことが できて、はやく はしれます。㋑じどう車《しゃ》と おなじくらいの はやさで はしる ことが できるのです。

---

1 ㋐と ㋑が できる どうぶつは なにですか。（10点）

㋐［　　　　］

㋑［　　　　］

2 どうして、㋐と ㋑が できるのですか。（20点）

㋐ 足の うらが［　　　　］の ように なって いるから。

㋑ 足に 二本の［　　　　］ゆびが あるから。

どうぶつの足《あし》

ライオンの　足の　うら

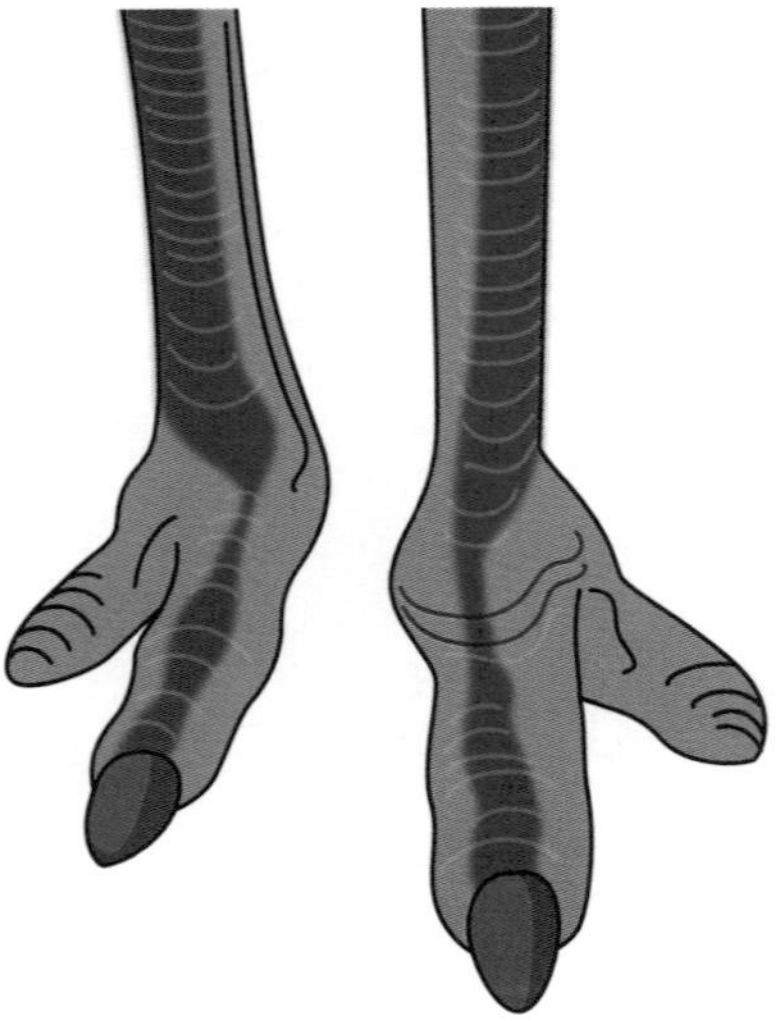

ダチョウの　足

こたえ

1 ㋐ ライオン
㋑ ダチョウ

2 ㋐ （やわらかく）クッション
㋑ じょうぶな

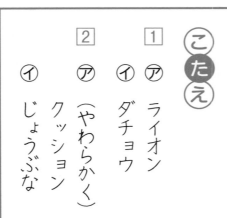

なぜ・りゆう

ひこうきをうごかす車

月　日

てん/30てん

ひこうじょうで、ひこうきの 先《さき》に ある 車《くるま》を 見《み》たことは ありませんか。この 車は、トーイングカーと いって、ひこうきを うごかす 車です。

ひこうきに くらべたら、とっても 小《ちい》さいです。でも、この 車が ないと、ひこうきは、じぶんで とびたつ ところまで いけないのです。

どうしてかと いうと、ひこうきは、まえには すすめますが、うしろには いけないからです。

---

1 ひこうきの 先に いる 車は、なにですか。（10点）

［　　　　］

2 この 車は、どんな 車ですか。（10点）

ひこうきを［　　　　］車

3 どうして、この 車が いるので すか。（10点）

ひこうきは、［　　　　］には すすめるが、［　　　　］には いけないから。

トーイングカー

こたえ

1 トーイングカー
2 うごかす
3 まえ
うしろ

目にもとまらないはやわざ

五十《ごじっ》センチ　あるくのに、一《いっ》ぷんはんも　かかるほど、カメレオンのうごきは、ゆっくりです。でも、えものを　とらえるために　きょう力《りょく》な　ぶきを　もっています。それは、じぶんの　からだと　ほぼ　おなじくらいの　ながさが　ある　したです。

はなれた　ところに　いる　えものを　見《み》つけると、すばやく　したを　出《だ》して、くっつけて　たべます。出してから　もどってくるまで、一《いち》びょうも　かかりません。

---

1 カメレオンが　えものを　とるための　ぶきは　なんですか。（10点）

（　　　　）

2 1は、なにと　だいたい　おなじ　ながさですか。（10点）

じぶんの（　　　　）

3 カメレオンが　うごくのに　かかる　じかんを　かきましょう。（10点）

① 五十センチ　あるく。（　　　　）

② したを　出して　もどす。

（　　　　）も　かからない。

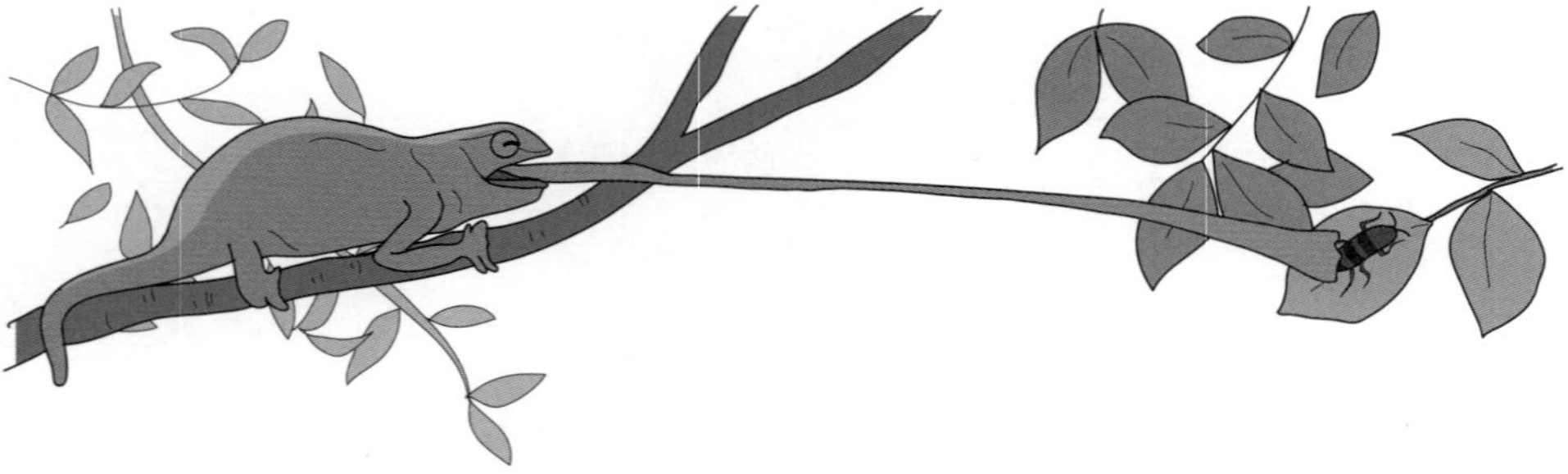

カメレオンは　したを　のばして　えものを　とらえます。

こたえ

1 した

2 からだ

3 ① 一ぷんはん
② 一びょう

こうらのかたちがちがうカメ

月　日

てん/30てん

せかいで　一《いち》ばん　大《おお》きな　カメが、ゾウガメです。でも、おなじ　ゾウガメでも、たべものが　ある　ところによって　こうらの　かたちが　ちがって　います。

草《くさ》が　おおい　ところの　ゾウガメは、あたまを　上《あ》げなくても　たべられるので、「ドームがた」に　なって　います。

しかし、草が　ない　ところの　ゾウガメは、たかい　ところの　サボテンを　たべるために　くびを　上げます。だから、くびの　あたりの　こうらが　めくれて　いる「くらがた」に　なって　います。

1　せかいで　一ばん　大きな　カメは、なにですか。（10点）

［　　　　］

2　こうらの　かたちは、なにに　よって　ちがいますか。（10点）

［　　　　］が　ある　ところ。

3　こうらは、どんな　かたちに　なって　いますか。（10点）

①　草が　おおい　ところ。

［　　　　］

②　草が　ない　ところ。

［　　　　］

こうらのかたちがちがうカメ

ドームがた

草《くさ》を　たべる　ゾウガメ

くらがた

たかい　ところに　ある　サボテンを　たべる　ゾウガメ

こたえ

1 ゾウガメ

2 たべもの

3 ① ドームがた
② くらがた

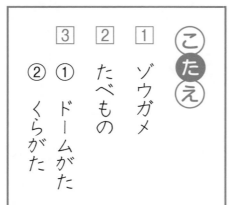

くちばしでさかなをとるペリカン

ペリカンは、とりの　中《なか》では　一《いち》ばん　ながい　くちばしを　もっています。しかも、下《した》の　くちばしは、㋐ふくろに　なって　います。これを、「のどぶくろ」と　いいます。

さかなを　とるときは、むれで　おいこみます。そして、いっせいに　㋑これを　ひろげて　とります。まるで、さかなを　とる　あみのようです。

このとき、水《みず》も　いっしょに　入って　きますが、「のどぶくろ」に　ためることが　できます。

1　一ばん　ながい　くちばしを　もっている　とりは　なにですか。（10点）

［　　　　］

2　どこが、㋐に　なって　いますか。（10点）

［　　　　］

3　㋑は、なんの　ことですか。（5点）

□□□□□

4　㋑は　どんな　どうぐの　ようですか。（5点）

□□

ペリカン

くちばしと　のどぶくろ

こたえ

1 ペリカン

2 下の　くちばし

3 のどぶくろ

4 あみ

パンダの は

パンダは、クマの なかまで、むかしは にくを たべていました。だから、パンダの まえばは するどく なっています。

いまは、竹《たけ》が 大《だい》すきです。竹は かたいので、たべる ときには、おくばで すりつぶします。だから、おくばは、ひらたくて たくさんの こぶのような ものが 出《で》ています。はは ぜんぶで 四十二本《よんじゅうにほん》 あります。

1 パンダは なんの なかまですか。(10点)

［　　］

2 パンダの むかしと いまの たべものを かきましょう。(10点)

① むかし［　　］

② いま［　　］

3 かたい 竹を たべるときは、どの はを つかいますか。(10点)

［　　］

パンダのは

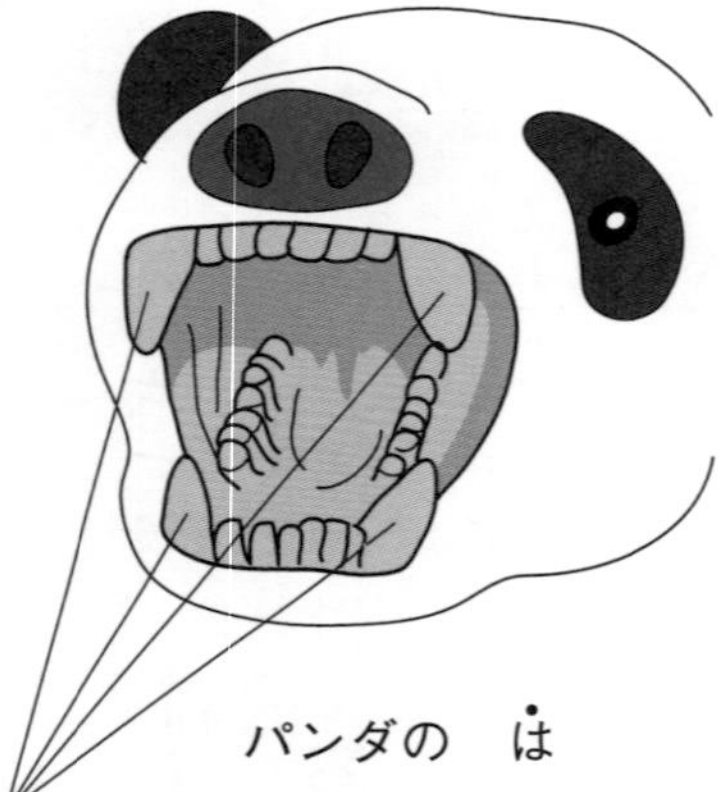

こたえ

1 クマ

2 ① にく
② 竹（たけ）

3 おくば

じめんをはしるひこうき「しんかんせん」

月　日　てん/30てん

日本《にほん》で　はじめて　はしった　しんかんせんは、「とうかいどう　しんかんせん」です。

とうきょうと　大《おお》さかの　あいだを　はしりました。

この　しんかんせんの　先《せん》とうしゃは　だんごばなの　かたちを　して　います。これは、ひこうきのような　かんじを　出《だ》すためです。

だから、この　しんかんせんが、はしったとき、あまりにも　はやくて「じめんを　はしる　ひこうき」と、いわれて　いました。

---

1 日本で　はじめて　はしった　しんかんせんは、なにですか。（10点）

［　　　　］しんかんせん

2 先とうしゃは、どんな　かたちを　していますか。（10点）

［　　　　］の　かたち

3 この　しんかんせんは、なんと　いわれていましたか。（10点）

じめんを　はしる［　　　　］

「0けい」しんかんせん

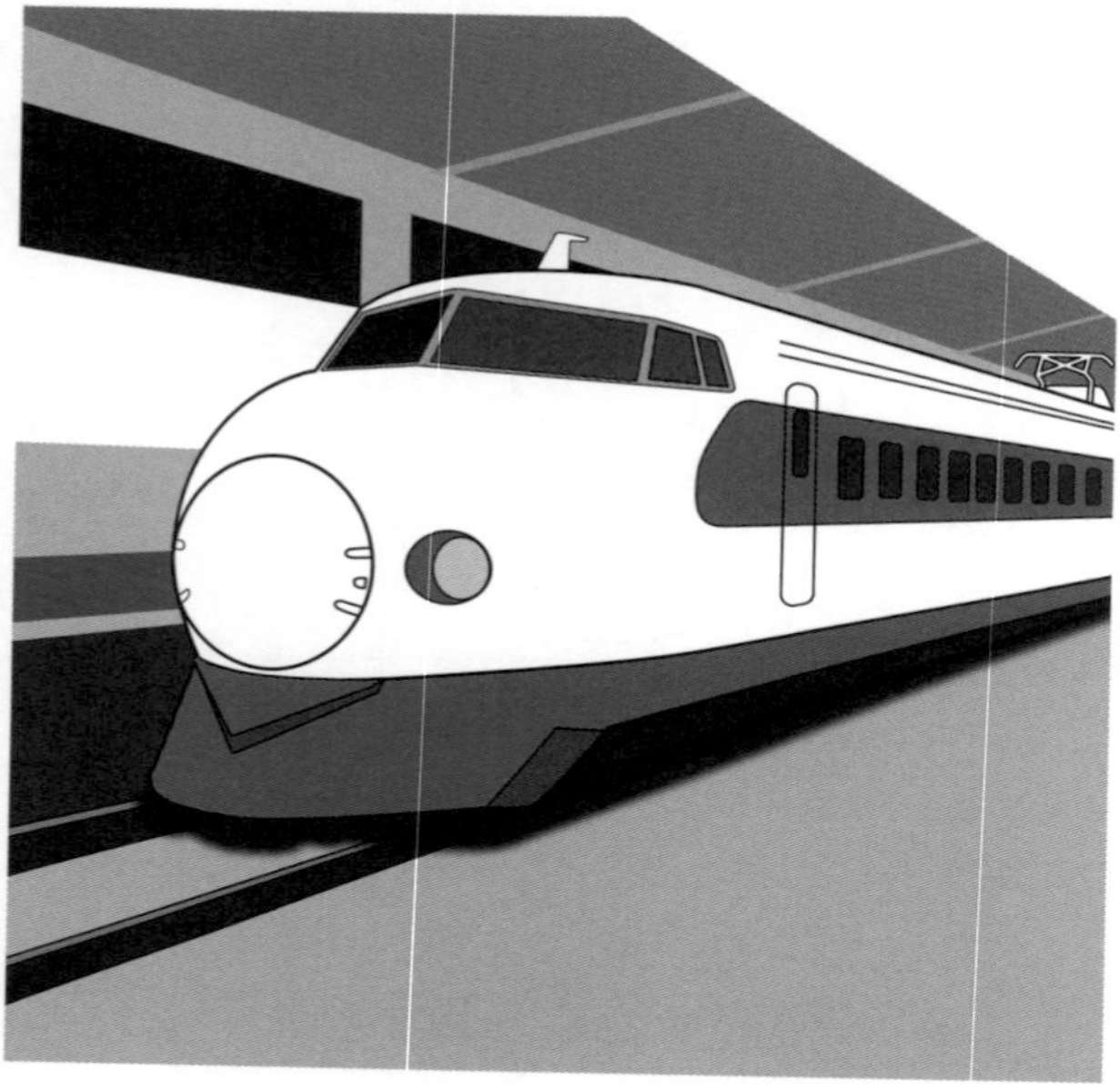

こたえ

1 とうかいどう

2 だんごばな

3 ひこうき

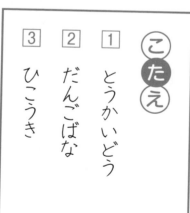

44 そうごうもんだい

はたらく車

月　日

てん/30てん

クレーン車《しゃ》は、おもい ものを つりあげる 車《くるま》です。そのために、つよい クレーン（うで）が、のびたり、よこに うごいたり できるように なっています。また、車が かたむかないように、しっかりと ささえる 足《あし》が あります。

ショベルカーは、土《つち》を ほったり、けずったり する 車です。そのために、ながい うでと、じょうぶな バケット（かご）を もって います。

✿ つぎの 車の 名《な》まえと、それに ついている ものを かきましょう。（一つ6点）

① おもい ものを つり上げる 車

名まえ［　　　　］

つよい［　　　　］

ささえる［　　　　］

② 土を ほったり けずる 車

名まえ［　　　　］

じょうぶな［　　　　］

はたらく車《くるま》

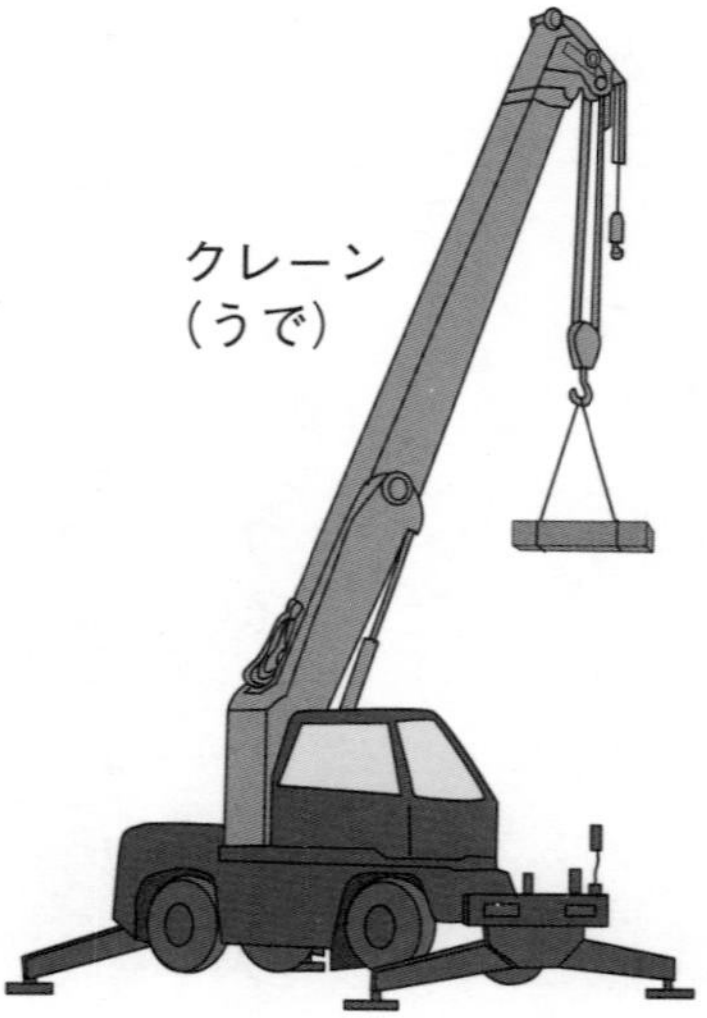

〈クレーン車《しゃ》〉

〈ショベルカー〉

こたえ

① クレーン車
クレーン（うで）
足

② ショベルカー
バケット（かご）

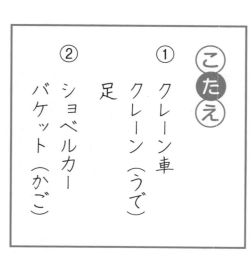

そうごうもんだい

人と車をはこぶカーフェリー

みなとに　ふねが　とまって　います。その　ふねに、車《くるま》が　入《はい》って　いきます。そして、おなじ　ふねに　人《ひと》も　のって　いきます。

このように、人だけで　なくて　車と　その　うんてん手《しゅ》も　いっしょに　はこぶ　ふねが、カーフェリーなのです。

だから、この　ふねに　のると、車の　うんてん手さんは、休《やす》む　ことが　できます。そして、つぎの　みなとに　つくと、また、じぶんの　車に　のって、はしって　いきます。

---

1 人と　車を　のせる　ふねの　名《な》まえは　なにですか。（10点）

［　　　　］

2 この　ふねは、車と　なにを　いっしょに　はこびますか。（10点）

車の［　　　　］

3 この　ふねの　いいところは、なにですか。（10点）

① うんてん手は、［　　　　］ことが　できる。

② つぎの　みなとに　つくと［　　　　］の　車で　はしれる。

カーフェリー

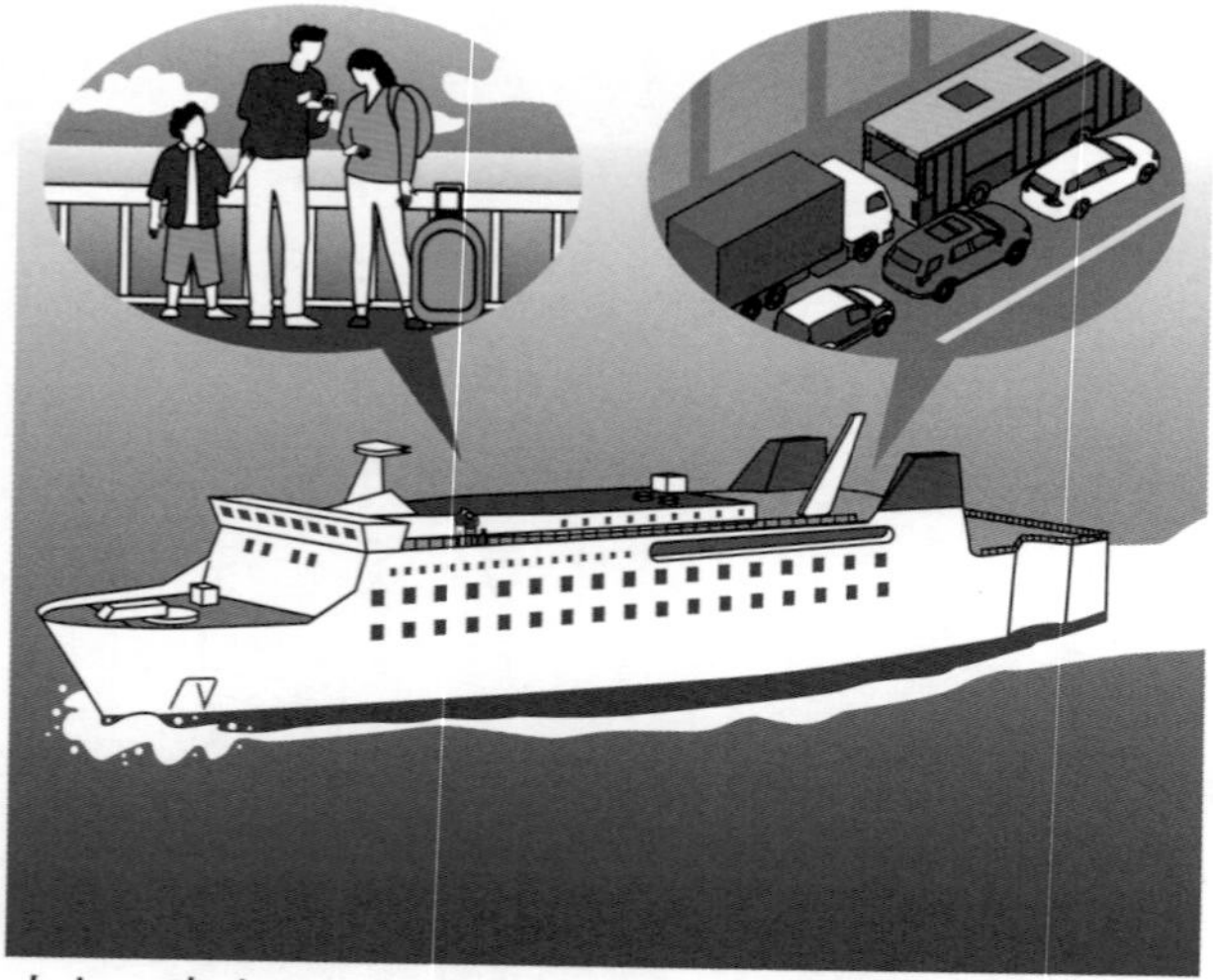

人と　車を　いっしょに　はこびます。
カーフェリーの　大きさは　いろいろ　あります。

こたえ

1 カーフェリー

2 うんてん手

3 ① 休む

② じぶん

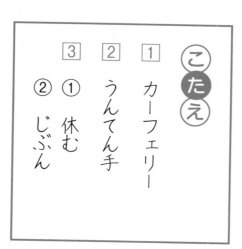

そうごうもんだい

きつねとツルのごちそう

ある日《ひ》 キツネは、ツルに おいしい スープを、あさい さらに 入《い》れて 出《だ》しました。

ところが、ツルは、ながい くちばしが じゃまで ㋐のめませんでした。㋑それを 見《み》て、キツネは わらっていました。

つぎの日、こんどは ツルが、キツネに スープを くびの ながい びんに 入れて 出しました。こんどは、キツネが のめません。

それから、ツルは こまっている キツネに、スープを あさい さらに 入れなおして あげました。

---

1 ㋐は、なにが じゃまでしたか。（10点）

［　　　　］

2 ㋑で、キツネは、どうしましたか。（10点）

［　　　　］

3 ツルは、こまっている キツネに どうして あげましたか。（10点）

スープを くびの ［　　　　］ びんから、［　　　　］ さらに 入れなおして あげた。

ことばさがし

文字《もじ》の中《なか》に　名《な》まえが　かくれているよ。
えを　見《み》ながら、名まえを　見つけて
○で　かこもう。

ラ	キ	ノ	コ	ヨ
イ	ミ	ナ	ス	リ
オ	サ	ク	ラ	ン
ン	ル	イ	チ	ゴ

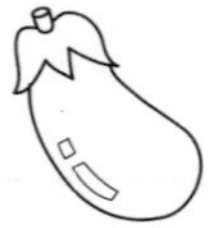

こたえ

1 ながい　くちばし

2 わらっていた
（わらっていました）

3 ながい
あさい

（答《こた》え）

ラ	キ	ノ	コ	ヨ
イ	ミ	ナ	ス	リ
オ	サ	ク	ラ	ン
ン	ル	イ	チ	ゴ

日本一ながい文字「し」

むかし、一休《いっきゅう》さんと いう トンチの うまい 小《こ》ぞうが いました。

あるとき、となりの おてらの おしょうさんから、「日本一《にほんいち》 ながい 文字《もじ》を かいて もらおうか。」と、㋐たのまれました。

一休さんは、となりの おてらに いくと、すみを たっぷり ふくんだ ふでで、ながい かみに まっすぐな せんを かきはじめました。

じぶんの てらに つくと、さいごに ピンと はねました。

「日本一 ながい 文字『し』が できました。」

---

1 ㋐は、なにをですか。（5点）

「　　　」を かいて ほしい。

2 1のため なにが いりますか。（15点）

① たっぷりの「　　　」を ふくんだ「　　　」。

② ながい「　　　」

3 1の こたえは、なにですか。（10点）

「　　　」

えを　見《み》て、ことばを　ひらがなで　かきましょう。
➡から　見ても、ことばに　なります。

㋐

㋑

㋒

㋓

㋔

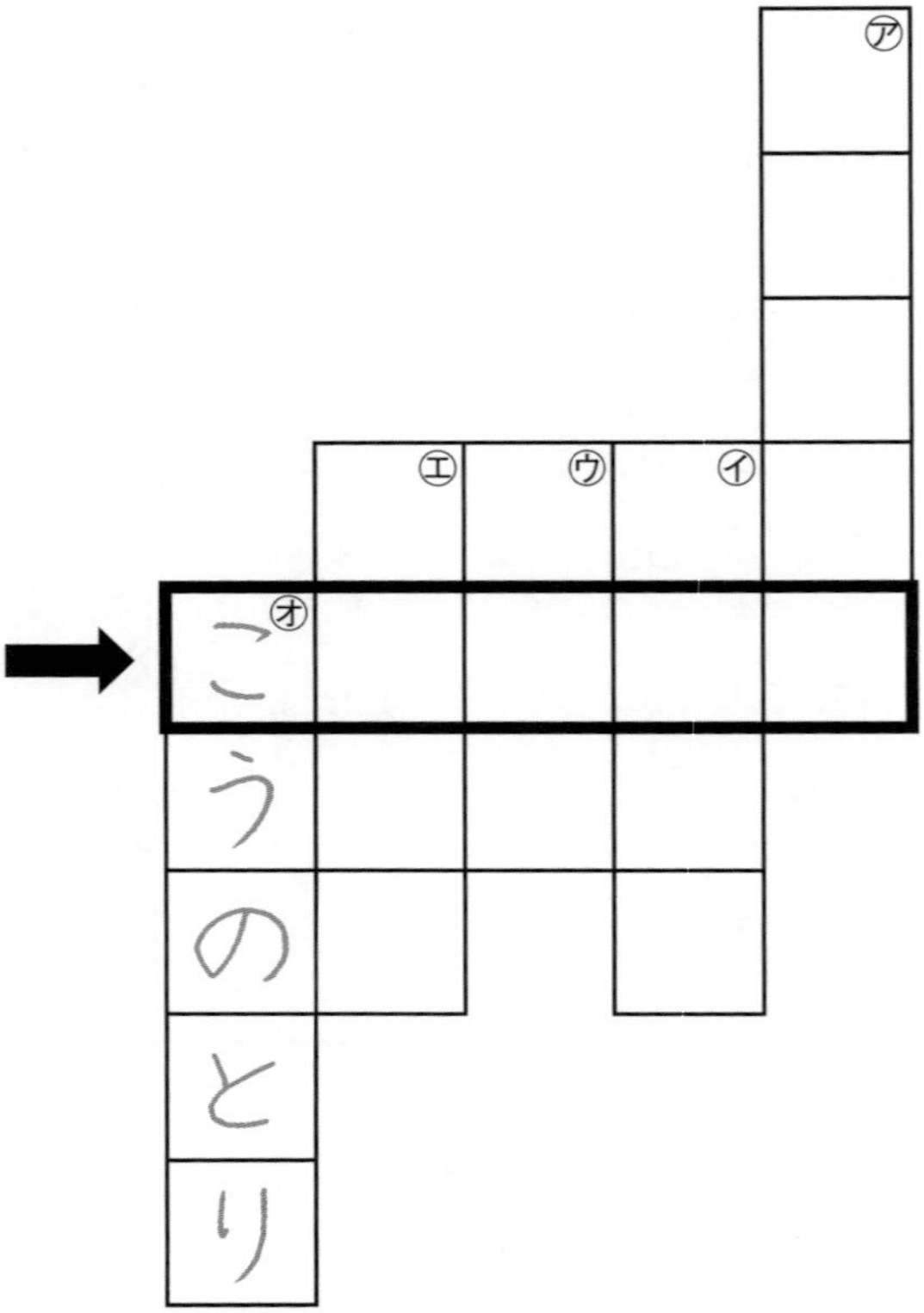

こたえ

1　日本一ながい文字

2　①　すみ　ふで　②　かみ

3　し

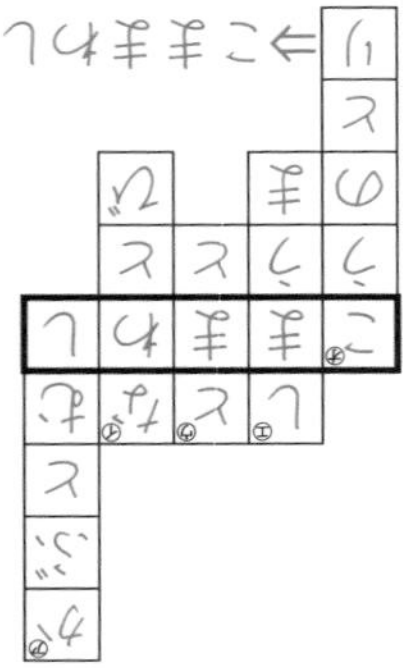
（答《こた》え）

カラスと水さし

月　日

てん/30てん

のどが　からからに　かわいて
いた　カラスは、やっと　水《みず》が　入《はい》っ
て　いる　水さしを　見《み》つけまし
た。しかし、その　水さしは、くび
が　ほそくて、水も　すこししか
入って　いません。カラスの　くちば
しでは　とどかないのです。

　カラスは、いろいろ　かんがえ
て、石《いし》を　あつめだしました。それ
を　一《ひと》つひとつ　水さしの　中《なか》へ
そっと　おとして　いきました。す
ると、石を　入《い》れた　ぶんだけ、水
は　たかく　なり、ついに、㋐カラス
の　くちばしが　水に　とどいたの
です。

---

1 カラスは、どんな　じょうたいですか。（10点）

のどが［　　　　］。

2 カラスは、なにを　見つけましたか。（10点）

［　　　　］

3 ㋐のために　どんな　やりかたを　しましたか。（10点）

① ［　　　　］を　あつめる。

② 水さしの　中に　①を　［　　　　］おとす。

えを 見《み》て、かくれている ことばを
見つけて 名《な》まえを ⬭で かこみま
しょう。

（れい）

さ	い	こ	ろ	お	は	り
に	ふ	ま	つ	み	ら	ん
あ	め	ち	や	か	ん	ご
は	ゆ	な	す	ん	け	う

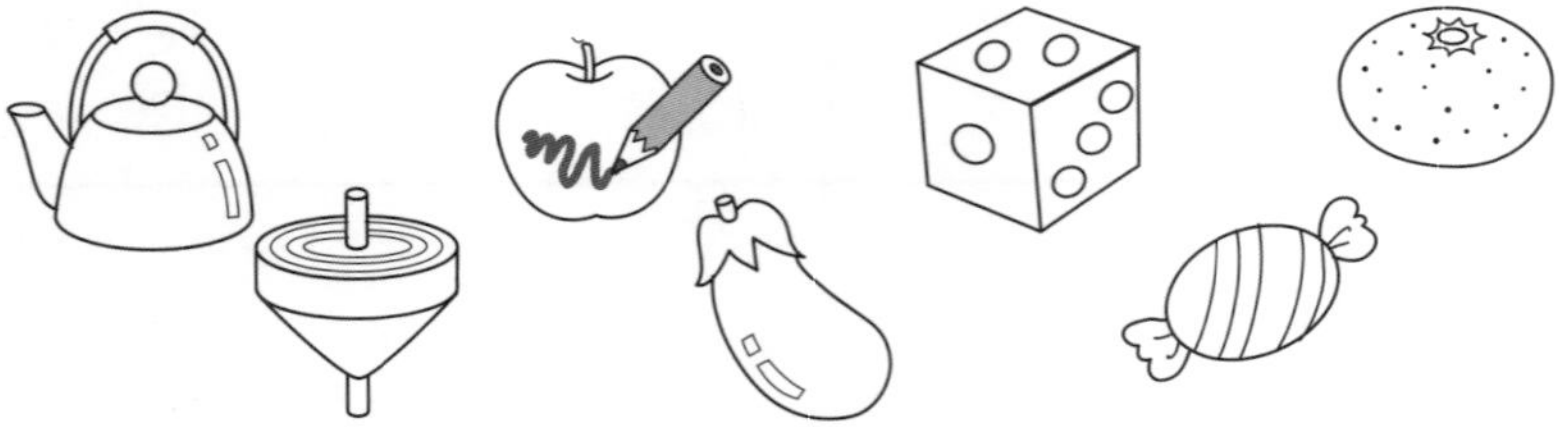

こたえ

1 （からからに）
かわいていた

2 （水が 入っている）
水さし

3 ① 石
② 一つひとつ
（そっと）

（答《こた》え）

さ	い	こ	ろ	お	は	り
に	ふ	ま	つ	み	ら	ん
あ	め	ち	や	か	ん	ご
は	ゆ	な	す	ん	け	う

一年生たちとひよめ①

学校《がっこう》へ　いく　とちゅうに、大《おお》きな　いけが　ありました。一年生《いちねんせい》たちが、あさ　そこを　とおりかかりました。いけの　中《なか》には　ひよめが　五《ご》、六《ろ》っぱ、くろく　うかんで　おりました。それを　見《み》ると　一年生たちは、いつものように　こえを　そろえて、

ひーよめ、ひよめ、だんご　やーるに　くーぐーれっ

と、うたいました。すると　ひよめは　あたまから　ぷくりと　水《みず》の　中に　もぐりました。

＊ひよめ…カイツブリ（水どり）

（新美南吉）

1　㋐は、どこですか。（5点）

2　㋑は　なんですか。（5点）

3　一年生たちは、㋑に　なにを　あげると　うたいましたか。（10点）

〔　　〕

4　一年生たちが　うたうと　㋑は、どうしましたか。（10点）

〔　　〕

かん字《じ》のクロスワード

ひらがなを　かん字にして、クロスワードを　かんせいさせよう。

㋐	ア	
	㋑	イ
	㋒	

よこ

㋐ すいしゃ……みずぐるま

㋑ ちゅうがく……ちゅうがっこう

㋒ だいみょう……とのさま

たて

ア しゃちゅう……くるま（のりもの）のなか

イ がっこうめい…がっこうのなまえ

こたえ

1 大きないけ

2 ひよめ

3 だんご

4 （あたまから　水の　中に　ぷくりと）もぐった（もぐりました）

（こたえ）

㋐水	ア車	
	㋑中	イ学
		校
	㋒大	名

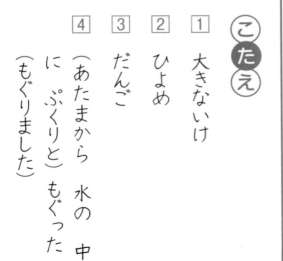

一年生たちとひよめ②

「だんご　やるに、くぐれ」
と　うたったら、それは　うそを
いったことに　なります。
　さて　どうした　ものでしょう。
㋐このまま　いってしまうのも　ざんねんです。そしたら　ひよめの　ほうでも、さみしいと　おもうに　ちがい　ありません。そこで　みんなは、こう　うたいました。
　ひーよめ、ひよめ、だんご、やらないけれど、くーぐーれっ
　すると　ひよめは、やはり　いせいよく　くるりと　水《みず》を　くぐったので　あります。

（新美　南吉）

1　なにを　うたったら　うそに　なるのですか。（10点）

「　　　」やるに　くぐれ

2　みんなは、うそに　ならないように　どう　うたいましたか。（10点）

だんご、「　　　」くーぐーれっ。

3　2のあと、ひよめは　どうしましたか。（10点）

「　　　」を「　　　」。

もようをつくろう！

いろがみと　はさみを　よういしてね。

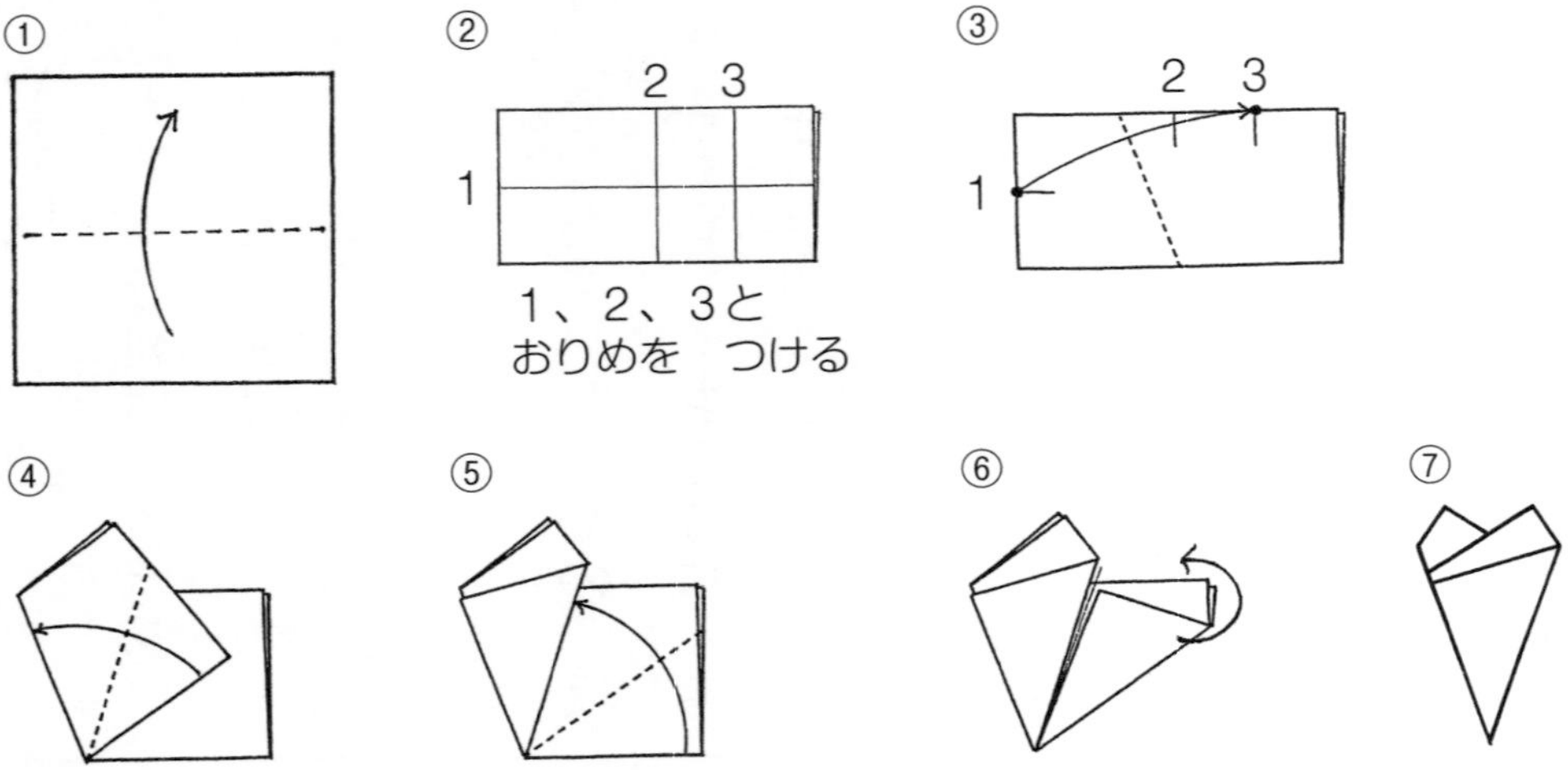

赤《あか》い　せんを　きる。

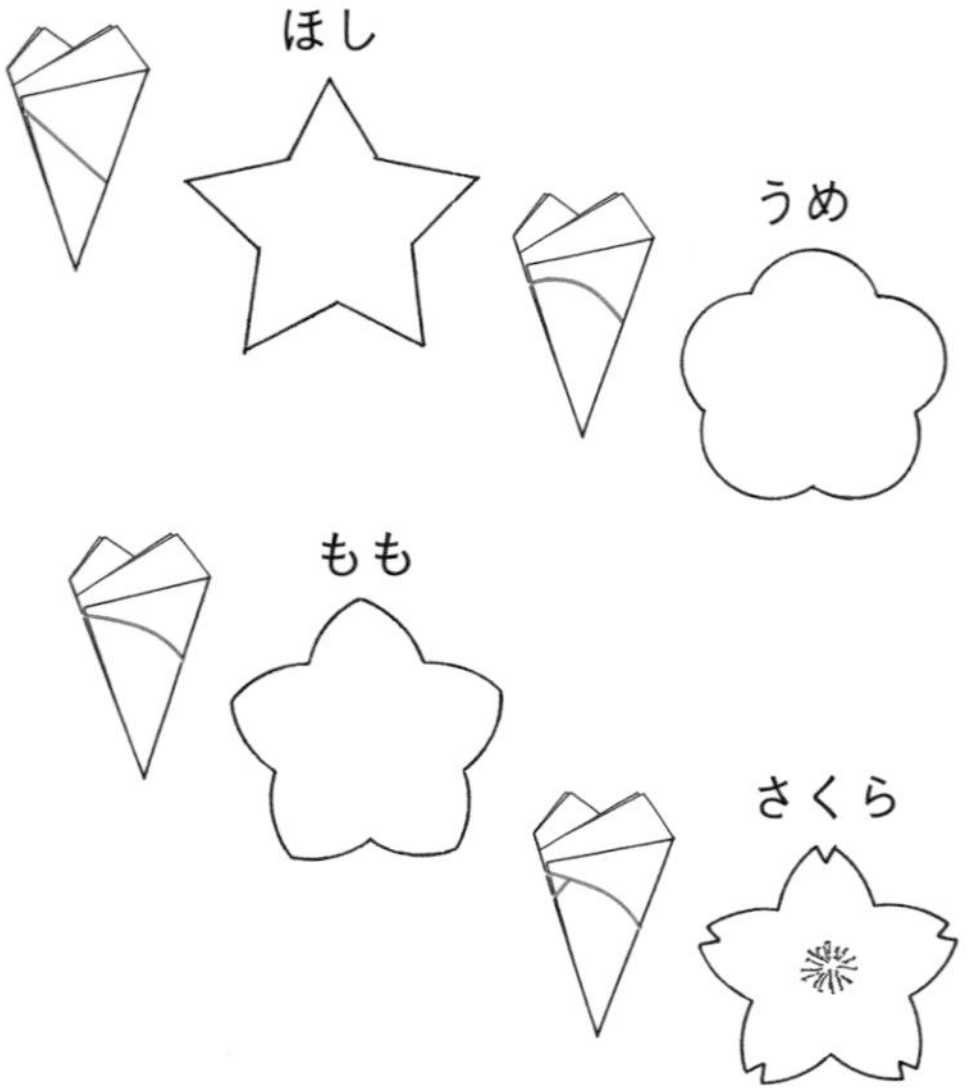

こたえ

1 だんご

2 やらないけれど、

3 水　くぐった

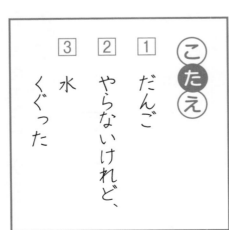